Vom *Kulturpark Berlin*
zum *Spreepark Plänterwald*

Seit dem 5. November 2001 liegt der Spreepark-Plänterwald im Dörnröschenschlaf. Die verwilderte Anlage mit den verrotteten Attraktionen bildet ein poetisches Bild des Verfalls. Und doch glaubt man bei der Betrachtung dieses Geländes all den Trubel von 40 Jahren Rummel noch zu hören.

Christopher Flade und Sacha Szabo, zwei bekannte Freizeitparkexperten, machen sich zusammen mit dem Leser auf eine spannende Spurensuche. Dazu wurden 20 Zeitzeugen zu ihren Erlebnissen im Spreepark befragt. Herausgekommen ist kein konventioneller Parkführer, der diesem besonderen Ort auch gar nicht gerecht würde, herausgekommen ist eine liebevoll zusammengetragene literarisch-wissenschaftliche Parkführung, die Einblicke in 40 Jahre Parkgeschichte gibt. Und so gibt es nur noch eines zu wünschen:
Viel Vergnügen!

INSTITUT FÜR THEORIEKULTUR
STUDIEN ZUR UNTERHALTUNGSWISSENSCHAFT

Band 4

Vom *Kulturpark Berlin* zum *Spreepark Plänterwald*

Eine VergnügungskulTOUR durch den berühmten Berliner Freizeitpark

von
Christopher Flade und Sacha Szabo

Tectum Verlag

Christopher Flade und Sacha Szabo

Vom *Kulturpark Berlin* zum *Spreepark Plänterwald.*
Eine VergnügungskulTOUR durch den berühmten Berliner Freizeitpark
Studien zur Unterhaltungswissenschaft; Band 4
Coverbild: Ralf Drescher
Backcoverbild: Kathrin Gottschalk
Lektorat: Christiane Waldmann (Die Textkontrolleure)
Transkription: Birgit Voigt
ISBN: 978-3-8288-2748-6
ISSN: 1867-7622

© Tectum Verlag Marburg, 2011

Besuchen Sie uns im Internet
www.tectum-verlag.de

Bibliografische Informationen der Deutschen Nationalbibliothek
Die Deutsche Nationalbibliothek verzeichnet diese Publikation in der
Deutschen Nationalbibliografie; detaillierte bibliografische Angaben sind
im Internet über http://dnb.ddb.de abrufbar.

CHRISTOPHER FLADE/SACHA SZABO

Einleitung: Eine VergnügungskulTOUR

Es ist famos, wie schnell die Natur sich diese ehemals kultivierte Fläche zurück-holt. Wie alles einfach wuchert, alles grünt, zuwächst. Und dann gucken dazwi-schen wie kariöse Zähne die Überreste von den Fahrgeschäften hervor.

(Désirée, geb. 1981)

Seit dem 5. November 2001 liegt der Spreepark Plänterwald im Dornröschenschlaf. Die verwilderte Anlage mit den zugewucherten Attraktionen bildet ein poetisches Bild des Verfalls. Und doch glaubt man bei der Betrachtung dieses Geländes all den Trubel, all den Rummel von 40 Jahren noch nachzuhören. Es ist ein besonderer Ort, ein Ort des Vergnügens der zwei konkurrierende Gesellschaftssysteme gesehen hat und den Menschen in eben diesen beiden Systemen ein Ort zum Verweilen und zum Vergnügen war.

Foto 1 von Kathrin Gottschalk: Zerstörte und umgeworfene Dinos auf der Dinowiese vor dem Riesenrad (2011)

Wer einen Parkguide erwartet, wird überrascht sein, was er in der Hand hält. Es ist nämlich kein konventioneller Parkführer, das wäre der Besonderheit des Spreeparks auch gar nicht angemessen. Vielmehr ist das vorliegende Buch eine literarische Parkführung. Die Autoren dieses Buches laden den Leser dazu ein, mit ihnen durch den Park zu bummeln, wir werden in den Rummel eintauchen und Stimmen von Besuchern hören, die uns ihre Erlebnisse und Erfahrungen mit und in dem Park schildern. („Erlebte Geschichten(n)"). Die Autoren nehmen den Leser in diesem Trubel an die Hand und führen ihn zu den einzelnen Attraktionen, schildern ihm deren Geschichte und führen aus, warum Menschen überhaupt ein Bedürfnis nach Vergnügen haben. Optisch sehen Sie es immer, wenn Sie in den Trubel eintauchen, daran, dass der Text zweispaltig wird, so dass auch graphisch die Dichte des Treibens ausgedrückt wird. Immer, wenn es einspaltig wird, treten die Autoren als Rekommandeure auf und berichten Wissenswertes über den Park und dessen Geschichte. Deshalb, was vielleicht manche Leser verwundern wird, haben wir die Texte in gesprochener Sprache belassen, um eine einmalige Atmosphäre zu schaffen. Wir werden die legendären Kaffeetassen besuchen, einen Blick auf die Wildwasserbahn werfen („Attraktionen") und uns der Frage nach der Lust an der Achterbahnfahrt widmen. So tragen Autoren und auch Leser ihren Teil dazu bei, wieder Leben in den Park zu bringen. Sollten Sie sich jedoch einmal verirren, dann finden Sie auf Seite **123** das Inhaltsverzeichnis.

Da es ein literarischer Rummelbesuch sein soll, werden die Geschehnisse um die Betreiberfamilie Witte nur kurz angerissen,[1] da es in der Hauptsache darum geht, wie sich der Park aus Sicht der Besucher dargestellt hat und wir großen Wert auf das Einfangen eben dieser Atmosphäre gelegt haben. Auch werden die kommunalpolitischen Fragen nicht angesprochen, da diese nicht zur kulturarchäologischen Aufarbeitung des Freizeitparks beitragen.[2] Auch wenn dieses Buch wissenschaftlichen Anspruch erhebt und wissenschaftliche Methoden die Grundlage der Ausführungen bilden, so ist es uns als Unterhaltungswissenschaftler ein Anliegen, nicht nur eine Wissenschaft von der Unterhaltung zu sein, sondern gleichermaßen auch unterhaltende Wissenschaft.

Also laden wir Sie jetzt dazu ein, mit uns die VergnügungskulTOUR zu beginnen. Tauchen Sie ein in den Rummel und lassen Sie sich von unseren Ausführungen entführen.

Wir wünschen Ihnen viel Vergnügen!

Christopher Flade & Sacha Szabo

---

[1] Bei Interesse an diesen Fakten weisen wir an dieser Stelle gerne auf die gelungene filmische Dokumentation „Achterbahn" von Peter Dörfler hin, die 2009 bei der Berlinale gezeigt wurde.
[2] Bei Interesse an diesen Fragestellungen weisen wir gerne auf die Initiative „Pro Plänterwald" hin.

CHRISTOPHER FLADE

Die Historie - Vom Kulturpark zum Spreepark

Der Rummelplatz im Plänterwald wurde am 04. Oktober 1969 als „VEB Kulturpark Berlin" eröffnet. Er wurde nach einer nur siebenmonatigen Bauzeit als Prestigeobjekt der DDR-Regierung anlässlich des 20-jährigen Jubiläums der Staatsgründung an die Bevölkerung übergeben.

Foto 2 von Ralf Drescher: Das alte Riesenrad vom VEB Kulturpark stand 1969 bis 1989 im Park.

Zur Realisierung dieses Vorhabens in dieser kurzen Zeit wurden über Nacht mehrere Betriebe für den Bau verpflichtet. Um den Park von den restlichen DDR-Rummelplätzen abzuheben, importierte man die Fahrgeschäfte aus nichtsozialistischen Warengebieten. Von den Berlinern wurde der Kulturpark liebevoll „Kulti" genannt. Das Gelände hatte eine Größe von circa 60 ha, von denen lediglich rund 18 ha als Rummelplatz genutzt wurden. Er war der einzige ständige Rummelplatz der DDR.

Foto 3 Abbildung Archiv Sacha Szabo: Poststempel mit Logo vom DDR-Rummel „Kulturpark"

Als Hintergrundwissen für die späteren Ereignisse im Plänterwald werfen wir einen Blick in das Hamburg der 80er Jahre. Auf dem Heiligengeistfeld in Hamburg findet, wie jedes Jahr, der „Hamburger Dom" statt, eines der größten Volksfeste Deutschlands. Hier kommt es am 14.08.1981 zu einem folgenschweren Unfall, bei dem sieben Menschen ums Leben kommen und 15 verletzt werden. Das ist bis heute (2011) das schwerste Kirmesunglück in Deutschland. Als einer der Verantwortlichen gilt Norbert Witte. Witte ist ein Hamburger Schausteller, der sich mit 24 Jahren für 2,5 Millionen DM die Kompaktloopingbahn „Katapult" zugelegt hat und damit die Plätze in Deutschland bereist. Witte nimmt nach dem Unglück seine Bahn und reist mit seiner Familie durch Deutschland, Jugoslawien und Italien.[3]

Die ersten Kontakte zwischen Familie Witte und ihrem späteren „Spreepark" ergaben sich bereits im Jahre 1979, als Wilhelm Vorlob, der Vater von Norbert Wittes Ehefrau Pia, eine in der DDR irreparable Achterbahn aus dem Kulturpark erwarb. Diese unverzichtbare Attraktion wurde zeitweilig durch eine kleinere Achterbahn des „VEB Staatszirkus der DDR" ersetzt. 1986 erwarb Norbert Witte diese Achterbahn und betrieb sie als mobiles Fahrgeschäft auf westdeutschen Rummelplätzen. Durch Schaustellerfreunde und Verwandte, die im Kulturpark arbeiteten und lebten, war Familie Witte des Öfteren im Plänterwald zu Gast und kannte sich vor Ort gut aus.
Mit der Wiedervereinigung fällt der Kulturpark in die Zuständigkeit des Berliner Kultursenats, der den Park erhalten möchte und im Rahmen einer öffentlichen Ausschreibung eine private Betreibergesellschaft sucht.

Der ehemalige DDR-Rummelplatz soll als Freizeitpark nach westlichem Vorbild weiter existieren. Von sieben Bewerbern erhält die Betreibergesellschaft „Spreepark GmbH" den Zuschlag. Sie besteht aus der ehemaligen Verwalterin des Parks zu DDR-Zeiten, Gisela Brederlow, und einem Investor aus dem Westen, der Witte GmbH, vertreten durch Pia Witte und dem Rechtsanwalt Hans-Ludwig Trümper.

---

[3] Wer sich für diese Vorgänge genauer interessiert, kann dies in der Dokumentation von Peter Dörfler „Achterbahn" genau nachverfolgen. („Achterbahn", Regie: Peter Dörfler, 2009)

Die Ausschreibung des Kulturparks zog selbstverständlich Auflagen mit sich. So mussten 10 Millionen DM Eigenkapital sowie eine unwiderrufliche Bankbürgschaft eines deutschen Kreditinstitutes in Höhe von 30 Millionen DM eingebracht werden. Zu DDR-Zeiten bestand das 60 ha große Betriebsgelände des Kulturparks aus einer nur 18 ha großen, asphaltierten Rummelfläche. Die restliche Fläche wurde für den Zirkusplatz, Wohnwagensiedlung, Wirtschaftshof und Verwaltung genutzt. Aus dem tristen Rummelplatz sollte ein Freizeit- und Familienpark mit vielen Wasser- und Grünflächen entstehen. Die in der Ausschreibung als Freizeitpark zu übergebende Fläche betrug damals 32 ha.

Zeitgleich mit den Verhandlungen kamen bei Anwohnern und Umweltschützern gewisse Bedenken und Zweifel auf, woraufhin Abgeordnete des Kultursenats die Spreepark GmbH baten, den laut gewordenen Forderungen dieser Interessengemeinschaften entgegen zu kommen und schlugen einen Vergleich vor. Die Spreepark GmbH verzichtete infolgedessen auf eine geringe Fläche und gab sich zuversichtlich, mit den verbleibenden 28,5 ha, die im Vertrag festgesetzte Besucherzahl von bis zu 1,8 Millionen Gästen pro Jahr zu erreichen. Als Vergleich zog man einen Freizeitpark in den alten Bundesländern heran, der bei gleicher Größe dieses Besucheraufkommen erreichte.

Foto 4 von Christopher Flade: Das Karussell „Butterfly", der Schmetterlingsflug, gehört zu den Fahrgeschäften von Familie Witte. Es stand sowohl die letzten Jahre zu DDR-Zeiten im Kulturpark, als auch die komplette Zeit im Spreepark. Foto von ca. 1997

1992 eröffnete der Spreepark im Plänterwald. Allein bis 1997 wurden, zur Hälfte durch Bankkredite, zur anderen Hälfte durch Eigenkapital und den Gewinn des Parks finanziert, 40 Millionen DM in die Umgestaltung des Parks investiert. Ein Viertel davon allein für Erdbauarbeiten. Als neue Attraktionen wurden zuerst die Riesentassen „Roting Cup" und das Zirkuszelt aufgebaut. Bald folgten die Schiffsschaukel „Pirat", die Familienachterbahn „Spreeblitz", die Loopingbahn „Mega-Loop" und die Wildwasserbahn „Grand Canyon".

Foto 5 von Christian Rösler: Schiffsschaukel „Pirat" am Fuße des Riesenrads (2000)

Im Laufe der Jahre musste der Spreepark jedes Jahr Besucherrückgänge verzeichnen. Nach oft wiederholter Stellungnahme der Betreiber waren die schlechte Verkehrsanbindung, das verkleinerte Grundstück und fehlende Parkplätze die Gründe für den Besucherschwund des Freizeitparks. Jahrelang versuchte man durchzusetzen, auf einem zum Pachtvertrag gehörenden Areal zunächst 3000, später nur noch 2000 und zuletzt 900-1200 Parkplätze bauen zu dürfen. Wobei dies immer mit dem Hinweis negativ beschieden wurde, dass das Areal zum Landschaftsschutzgebiet gehöre.

2001 gibt die Spreepark GmbH auf und kündigt den Erbpachtvertrag und alle damit verbundenen Verpflichtungen. Sie sahen den Versuch, den ehemaligen VEB Kulturpark in einen Freizeitpark moderner Prägung umzugestalten, als endgültig gescheitert an. In ihrer Begründung schreibt die Spreepark GmbH, es sei nie vorgesehen gewesen, den Plänterwald ein Jahr nach Vertragsunterzeichnung zum Landschaftsschutzgebiet umzuwandeln.

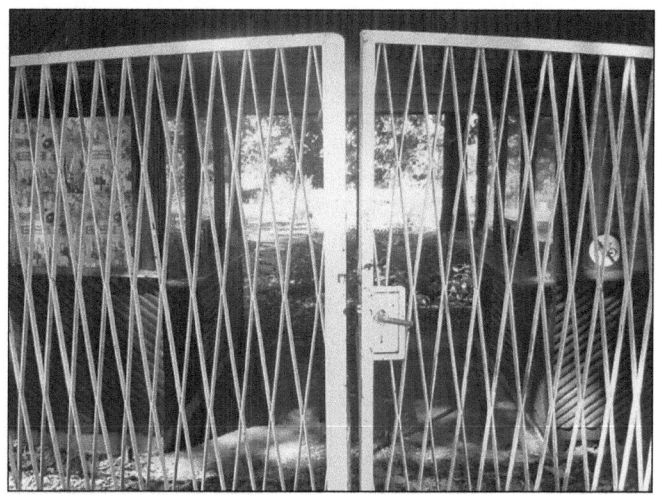

Foto 6 von Christopher Flade: Das verschlossene Eingangstor des Spreeparks

Da die Kündigung des Vertrages nicht angenommen wurde, meldete die Spreepark GmbH Insolvenz an. Infolgedessen räumte das Unternehmen das Betriebsgrundstück nach der Saison 2001 und Familie Witte beschloss, während des laufenden Insolvenzverfahrens zusammen mit ihren Kindern, ihren engsten Mitarbeitern und sechs Fahrgeschäften nach Peru zu reisen.

Am Sonnabend, den 08. November 2003 berichtet der „Tagesspiegel" dann das Unerwartete:

> *„Ein riesiges Rad gedreht. Ex-Spreepark-Betreiber Norbert Witte in Berlin verhaftet: Im Karussell soll er 181 Kilo Kokain geschmuggelt haben"* [4]

lautete eine der Schlagzeilen. Am 05. November 2003, noch im Hafen von Lima, wurde der „Fliegende Teppich" in seine Einzelteile zerlegt und das Kokain sichergestellt. Vorort wurden fünf Männer festgenommen, darunter auch Wittes 23-jähriger Sohn, der in diesem Moment mit seinem kranken Vater in Berlin telefonierte.[5] Norbert Witte wurde wenige Stunden später auf dem Weg zu seiner Ehefrau festgenommen und aufgrund seines gesundheitlichen Zustandes direkt in das Haftkrankenhaus Moabit eingeliefert.

---

[4] Buntrock, Tanja: „Ein riesiges Rad gedreht. Ex-Spreepark-Betreiber Norbert Witte in Berlin verhaftet: Im Karussell soll er 181 Kilo Kokain geschmuggelt haben "‚ Tagesspiegel, 08.11.2003 (http://www.tagesspiegel.de/berlin/ein-riesiges-rad-gedreht/463344.html), [Stand 01.07.2011
[5] Quelle: Jüttner, Julia: „Niedergang einer Schaustellerfamilie. Achterbahn des Lebens" in „Spiegel.de" (www.spiegel.de/panorama/leute/0,1518,631484,00.html), vom 24.06.2009 [Stand 01.07.2011]. Siehe auch: Verena Mayer: „Ein Karussell für Millionen Vor Gericht: Wie 167 Kilo Kokain in den „Fliegenden Teppich" kamen", Tagesspiegel, Tagesspiegel, 05.04.2004. http://www.tagesspiegel.de/zeitung/ein-karussell-fuer-millionen/512108.html [Stand: 01.07.2011]

Zu diesem Zeitpunkt bemühen sich verschiedenste Unternehmen, darunter Tivoli Dänemark, der Stuttgarter Schausteller Rolf Schmidt (2007 verstorben), der Westerndorf-Besitzer Rolf Deichsel und die französische Firma „Grévin & Cie", eines der größten Freizeitparkunternehmen weltweit, um die Übernahme des ehemaligen Freizeitparks. Jedoch werden sie mit denselben Problemen konfrontiert wie die einstigen Spreepark-Betreiber. Auch die intensiven Bemühungen seitens dieser potentiellen Investoren, die gegebenen Rahmenbedingungen für einen wirtschaftlich erfolgreichen Freizeitpark zu verbessern, scheiterten an den Verhandlungen mit Berlin und dem Liegenschaftsfonds. Auf kurz oder lang zogen somit alle Bewerber ihre Angebote zurück. 2008 gibt der Insolvenzverwalter das Gelände frei, da es nur Kosten verursache. Ein neuer Investor sei nicht in Sicht, deshalb geht das Grundstück zurück an die Eigentümerin Pia Witte, die zusammen mit ihrer Familie versucht, den Park wieder zu beleben.

Foto 7 von Christopher Flade: Fast 10 Jahre lang stand die alte Parkbahn in dieser Kurve und wuchs zu.

ATTRAKTIONEN

Die Geschichte des Eierhäuschens

Das Eierhäuschen war ein beliebtes Berliner Ausflugslokal am Rande des Plänterwalds, direkt am Ufer der Spree. Die 1837 eröffnete Schifferkneipe Eierhäuschen ist
auch bekannt durch Theodor Fontanes Roman „Der Stechlin". Der Name der Gaststätte leitet sich von der dortigen Schiffsanlegestelle ab, an der man den Schiffern
Eier verkaufte.

Foto 8 von Christopher Flade: Das alte Eierhäuschen im Plänterwald

1869 brannte das Restaurant erstmals ab. Der damalige Pächter ließ es als Fachwerk-
bau neu errichten. Der Bau ging 1876 in den Besitz des Landes Berlin über und
brannte 1890 erneut nieder. Nach Entwürfen von Karl Frobenius entstand 1891/92
die noch heute existierende dritte Version. 1973 ließ die Deutsche Demokratische
Republik das Eierhäuschen noch einmal teilrestaurieren und nutzte es abermals als
Ausflugslokal. Im Rahmen der Abwicklung des VEB Kulturpark Plänterwald kam es
1990 zur Schließung des beliebten Ausflugslokals „Zum Eierhäuschen". Als Anfang
der 90er Jahre die Spreepark GmbH gegründet wird, verpflichtet sie sich, das Eierhäuschen zu sanieren. Trotz der Lage außerhalb der Umzäunung des Spreeparks gehört es bis heute zum Betriebsgelände des ehemaligen Freizeitparks. Seit der Spreepark Ende 2001 geschlossen wurde, befindet sich das Eierhäuschen in einem desola-
ten Zustand. Fenster und Türen sind eingeschlagen, auf der steinernen Terrasse wuchert Unkraut, ein Bauzaun sichert die Ruine.

Foto 9 von Joachim Meier: Die Achterbahn und die Losbude im Kulturpark

ERZÄHLTE GESCHICHTE(N)

Auf dem Weg ins Vergnügen

Ich bin 15 geworden, und da hat meine Cousine gesagt. „Wir gehen heute in den Kulturpark". So hieß er damals ja noch. Denn wir waren Westberliner, da haben meine Eltern gesagt: „Also los, komm! Wir gehen zur Monika". Das ist meine Cousine. Und die meinte auch: „Hier zu Hause rum sitzen, nein, Du hast heute Geburtstag, wir gehen in den Kulturpark."

Barbara, geb. 1960

Ich weiß es noch immer: Wenn wir vom S-Bahnhof Plänterwald runter gelaufen sind, dann kommt ja die Krug Allee und dann geht es bei der Krug Allee den Weg hinab zum Eingang. Man konnte dann immer schon die Leute kreischen hören und auch das Rattern der Bahnen und so. Also diese Atmosphäre, die war schon ganz toll.

Max, geb. 1977

Es ist eine ganz lustige Geschichte, finde ich eigentlich immer noch, wie ich mit meinen Eltern da war. Wir waren mit dem Zug da. Man muss ja noch eine Weile von der Zugstation bis zu dem Plänterwald laufen. Ich konnte mich nur erinnern, dass wir aus dem Bahnhof ausgestiegen sind und dann über so eine Art Bahnhofsvorplatz mussten, über eine Straße. Dann habe ich bloß noch die Erinnerung, dass man durch den Wald durch musste und dann war man beim Spreepark. Wenn ich mit meinen Eltern später nach Potsdam gefahren bin, dann wusste ich auch, wo der Hauptbahnhof war. Wenn man da raus kam aus der Straße, ging auch ein Weg in den Wald, und da habe ich meinen Eltern immer erklärt, da sei der Plänterwald und da müssten wir jetzt reingehen. Sie sind jedoch immer daran vorbeigefahren und haben mir immer erzählt: „Da ist doch nicht der Plänterwald." Bis ich das dann irgendwann mitgekriegt habe, dass das wirklich so ist. Aber ich wollte es

damals nicht glauben. Das halten sie mir heute noch vor.

Kathrin, geb. 1965

Ich glaube, das war zu meinem achten Geburtstag, muss also um 1970 rum gewesen sein. Da hatte meine Mutter mir dann den ersten Besuch des Parks geschenkt, aber das erste Mal mit meiner Mutter zusammen war natürlich irgendwie nicht so prickelnd. Und danach sind wir immer zu den Wochenenden alleine dahin getigert, weil das natürlich ohne Eltern immer ein bisschen lustiger war. Alleine schon der Blick, wenn man Plänterwald ausgestiegen ist aus der S-Bahn Station! Da musst Du ja mal ein ganzes Stück durchlaufen bis direkt zum Park. Dann ging es durch ein Waldstück und es standen an der Seite rechts und links immer Polen, die haben so wunderschöne Lollis verkauft. Und aus dem Grund sind wir da fast jedes Wochenende hin getigert.

Gisela, geb. 1962

In Berlin hast du als Kind gesagt, dass du auf den Rummel gehst, und da wusste jeder, du gehst in den Plänterwald. Später, als Jugendlicher, da ging man immer zum „Kulti", weil das war Kult, und das war eben richtig gut [...]Da war immer was los, da hat sich die Jugend getroffen. Da konnte man weit weg von den Eltern Bier trinken, (lacht) da konnte man auch mal heimlich eine rauchen. Da gab es sicherlich auch bei dem einen oder anderen den ersten Kuss. Und ansonsten ist der Kulti eigentlich dafür bekannt gewesen, wenn man den langen Weg durch den Wald läuft, von dem S-Bahnhof Plänterwald, dann kommt man erst ein bisschen durch die Wohnsiedlung, und dann kommt ja der lange Waldweg, und da standen früher rechts und links die fliegenden Händler, die die West-Kaugummis und die aktuellen Bravos und Poster und irgendwelche selbstgemachten

CDs von den Bands aus dem Westen verkauft haben. Ach genau, nicht CDs, sondern Kassetten haben die verkauft, die bespielten Kassetten von den tollen Bands aus dem Westen für, ja, heute würde man sagen, teures Geld. (lacht) Aber früher da ist man da gerne hin, hat da geschmökert, hat auch mal einen Kaugummi gegessen und unter anderem auch das ein oder andere Poster gekauft. Also ich weiß von mir, dass ich sogar meine erste Stones-Platte damals dort gekauft habe: „Auf dem langen Weg". Die ersten Poster und die erste Stones-Platte. Ich glaube, die habe ich dort gekauft, wenn mich nicht alles täuscht.

Torsten, geb. 1968

Bei uns war das so, dass die besten Schüler, also das war ich dann auch, damals gehörte ich noch zu den besten Schülern, einen Tag in den Spreepark fahren durften. Er hieß damals ja noch Plänterwald. Und man konnte den ganzen Tag da alles umsonst machen.

Martin, geb. 1969

1971. Das kann sein. Also ich weiß, dass ich mit meinen Eltern und meinem Bruder in Berlin war. Ich habe vier Brüder, aber ich glaube, wir waren bloß mit dem einen Bruder da. Wir hatten Perlen gekauft in Berlin, die gab es nur in Berlin zu kaufen. Da wurden immer solche Untersetzer draus gemacht. Auf dem Rückweg sind wir noch zum Spreepark gefahren. […] Na, ich weiß, dass ich mit meinem Vater Riesenrad gefahren bin. Damals noch mit dem kleineren Riesenrad. Also das rote, wo man auch in der Mitte noch drehen konnte, dass sich die Gondel dann auch noch gedreht hat. Ja, und mein Bruder, der hat sich nicht getraut, der blieb mit meiner Mutter unten und hat meinen Luftballon so lange festgehalten. (lacht) Ja, der hat sich später dann schon getraut. Ich bin auch mit ihm Kettenkarussell gefahren. Das weiß ich, das hat 50 Pfennig gekostet. Da kann ich mich natürlich erinnern. Und die Teppichrutsche natürlich, die rot-weiße. Die stand vorne, wenn man am Haupteingang rein gekommen ist auf der linken Seite, also mehr so in der Ecke. Wie soll ich das beschreiben? Da wo die Loopingbahn dann später stand. Da stand die rote Teppichrutsche und die hat auch 50 Pfennig gekostet, pro Rutschen. Und die war auch nicht so hoch wie die blaue, die dann später kam.

Kathrin, 1965

Foto 10 von Kathrin Gottschalk: Die neue, blau-weiße Spreepark-Riesenrutsche

SACHA SZABO

Der Eingang in eine Welt jenseits des Alltags

Ich begrüße Sie ganz herzlich zur wissenschaftlichen Spreepark-Tour unter dem Titel „VergnügungskulTOUR". Mein Name ist Sacha Szabo. Ich bin Leiter des Instituts für Theoriekultur in Freiburg. Ich bin von Haus aus Soziologe und beschäftige mich seit Jahren mit Vergnügungsattraktionen. Es ist nun so, dass das, was wir heute hier machen, auch für mich eine Premiere ist. In einen verlassenen, in einen verfallenen Vergnügungspark zu kommen, hat für mich einen ganz eigentümlichen Reiz, deshalb möchte Sie dazu einladen, mit mir ein kleines Experiment zu machen. Und zwar bekommen Sie jetzt nicht den klassischen Soziologen- oder Wissenschaftlerduktus, sondern ich lade Sie dazu ein, dass wir eine kleine archäologische Expedition zu verfallenen Ruinen unternehmen, und wir versuchen jetzt, diese Ruinen zu entschlüsseln und zu verstehen, was dort geschah.

Foto 11 von Christopher Flade: Dr. Sacha Szabo bei der VergnügungskulTOUR durch den geschlossenen Freizeitpark „Spreepark Plänterwald"

Der Spreepark Berlin wurde 1969 in der DDR zum 20. Jahrestag gegründet. 1989 wurde er dann ein Stück weit renoviert und das neue Riesenrad wurde zum 40. Jahrestag installiert. 1991 fiel er mit der Abwicklung der DDR an den Kultursenat der Stadt Berlin, da er eben ein Kulturpark war. Dort gab es eine Ausschreibung, die die

Witte GmbH gewonnen hat zusammen mit der ehemaligen Verwalterin des Parks. Sie bekamen den Park mit der Auflage, einen Vergnügungspark nach westlichem Vorbild zu schaffen. Dies führte zu einigen konzeptionellen Änderungen, vor allem aber auch zur optischen Anpassung. Alles, was Sie also jetzt sehen, entstand erst nach der Wende. Das einzige, was von dem Kulturpark übrig blieb, vor dieser Zeit, ist genau dieses Häuschen und noch zwei Toiletten.

Foto 12 von Christopher Flade: Die zerstörten Kassenhäuser vor den Toren des Parks

2001 wurde der Park aufgrund einer gravierenden finanziellen Schieflage geschlossen und seither verfällt er. Die ganzen Attraktionen verrotten und teilweise werden sie natürlich auch willkürlich beschädigt.

Weswegen ich Sie auch hierhin gelockt oder gelotst habe: Wenn man mich als Achterbahnforscher fragt, was denn ein Vergnügungspark eigentlich ist, ist meine Lieblingsantwort, dass ein Vergnügungspark auch ein Spielplatz für Erwachsene ist.

Foto 13 von Sacha Szabo: Ein typischer Kinderspielplatz

Sie sehen hier einen Spielplatz und auf diesem drei idealtypische Gerätschaften, nämlich eine Rutsche, eine Schaukel und ein Karussell. Und genau diese drei Gerätschaften sehen Sie auch auf dieser alten Abbildung.

Foto 14 Postkarte ca. 1920 Verlag Kurt Döge, Archiv Sacha Szabo

Hier habe ich Ihnen eine Fotografie von der Dresdner Vogelwiese mitgebracht um die Jahrhundertwende des vergangenen Jahrhunderts. Es ist also ein sehr frühes Volksfest. Und genau dort sehen Sie jetzt wieder diese drei Attraktionen: Karussell, Schaukel und die Rutsche, die gleich zweimal vertreten ist. Einmal als Toboggan, das ist eine gewundene Rutschbahn, die um einen Turm herumgeht und unten ausläuft. Im Angelsächsischen nennt man sie „Helter Skelter". Im Übrigen hieß ein Lied von den Beatles aus dem Weißen Album „Helter Skelter" und ich glaube auch Charles Manson nannte seinen Versuch des Umsturzes des Weltsystems „Helter Skelter". Auch die zweite Form der Rutsche sehen Sie hier sehr prominent. Das ist die Achterbahn.

Foto 15 Ausschnitt aus obiger Postkarte, Toboggan und Achterbahn

Diesen Begriff des Spielplatzes habe ich natürlich nicht nur aufgrund dieser Analogie gewählt, sondern weil auch der Begriff des Spiels sehr bedeutsam für diesen Ort ist. Wenn wir an das Spiel denken, ist es etwas, das exklusiv dem Menschen eigen ist. Es gibt natürlich immer wieder den Einwand, auch Tiere spielten. Wobei wir aus der Verhaltensforschung eigentlich folgern, dass es Probehandlungen sind, dass es sozusagen kein sinnloses Tun ist. Während das, wenn man bewusst etwas Sinnloses tut,

21

wenn man bewusst Energie vergeudet, wenn man Spaß hat, etwas ist, das dem Menschen exklusiv eigen ist.

Und dies wird nun in der Literatur, in der Forschung als Spiel begriffen und jedes Spiel, das Sie eigentlich kennen, hat drei zutreffende Merkmale, sei es ein Brettspiel, sei es ein Theaterspiel oder ein Fußballspiel. Es hat einen eigenen Raum. Das Fußballspiel beispielsweise findet im Stadion statt. Dieses Stadion ist gekennzeichnet durch ein Tor. Ein Brettspiel findet auf dem Spielplan statt, ist auch gekennzeichnet durch eine bestimmte Räumlichkeit.

Zudem kennt jeder von Ihnen, der mal beim Computerspielen die Zeit vergaß, dieses Phänomen, dass jedes Spiel eine eigene Zeit hat.

Diese drei Elemente, nebensächlich wie sie scheinen, sind für das Spiel ganz elementar. Und sie zeigen, dass im Spiel eine Welt jenseits des Alltags, eine nichtalltägliche Welt entsteht. Und diese nichtalltägliche Welt wird genau durch dieses Tor von der alltäglichen abgegrenzt. Wir befinden uns also jetzt in dieser Vergnügungswelt.

Foto 16 von Joachim Meier: Alte DDR-Riesenrutsche und Souvenirladen im VEB Kulturpark

ERZÄHLTE GESCHICHTE(N)

Erinnerungen an den Kulturpark

Der Kulturpark war sehr, sehr weitläufig. Man hatte da wirklich die Möglichkeit, sich in Ruhe auf eine Bank zu setzen, sich das Geschehen anzugucken, die Leute auf dem Riesenrad zu beobachten oder ähnliches. Das war für mich weitläufiger, jetzt so im Nachhinein. Als Kind habe ich das sicherlich gar nicht so gesehen, dass es weitläufiger war, man fühlte sich da nicht so gedrängelt. [...] Das war damals nicht so, obwohl es an Wochenenden auch voll war. Aber jetzt hat sich das aufgrund dieser Größe eben sehr verlaufen. [...] Man musste vorne einen so genannten Eintritt in den Park bezahlen, und dann an jedem einzelnen Fahrgeschäft noch mal das Fahrgeschäft an sich bezahlen. Also, Kinderkarussell, alles, was es da eben halt gab. Es ist jetzt nicht so, wie es heute ist, dass man einmalig den Eintritt hat und kann dann immer von Fahrgeschäft zu Fahrgeschäft tingeln. Es gab wirklich bei jedem Fahrgeschäft noch mal so ein Kassenhäuschen und dann hat man das gezahlt.

Gisela, geb. 1962

Die Kaffeetassen, die heute rechts am Eingang stehen oder kurz hinter dem Eingang, die waren damals schon da. Und da war ich so fasziniert von, weil es so was im Westen nicht gab. Und dann stand so ein komisches Raumschiff gleich am linken Eingang. Da war ich aber nie drin, weil ich Angst hatte. Da war ich auch als Erwachsener später nicht drin, das war mir immer irgendwie gruselig. Dann gab es diese für Westberliner uralte Achterbahn. Daran kann ich mich erinnern, als wenn es gestern war. Wenn ich damit gefahren bin, hatte ich so ein Schiss, dass die gleich unter mir zusammenbricht. Weil die so gerappelt hat und die Geräusche, die die gemacht hat, die waren schlimmer als die Ost-S-Bahn. (Lachen) Also richtig Schiss!

Barbara, geb. 1960

Ich kann mich an so ein paar Sachen dunkel erinnern, an so ein paar Fahrgeschäfte, das Problem ist, dass ich halt eher so eine Vermischung habe. [...] Wenn man am Eingang rein gekommen ist und nach rechts wegging, da kam schon auf der

linken Seite diese Autorennbahn, wo man selber fahren konnte. Ja, ich glaube Elektroautos waren das. Und auf der rechten Seite – also das muss jetzt nicht hundertprozentig stimmen, da gab es so eine Art kleines Gruselschloss oder so was. Jedenfalls fuhr dort oben über dem Eingang so ein Puppenwagen. Nicht Puppenwagen, ein kleiner Wagen wie aus der Geisterbahn, so ein Wagen mit zwei Puppen drin, die fuhren da, als wenn das eine Geisterbahn war. Es war aber nicht die Geisterbahn. Also das ist das, woran ich mich noch erinnern kann, was es früher gab, was es später im Spreepark nicht mehr gab. Ich weiß auch nicht, was es für ein Fahrgeschäft war oder ob das nur was zum Durchlaufen war oder so. Ich weiß nur, dass da mindestens eine Puppe drin saß, und dass das halt so ein bisschen wie so eine Geisterbahn aufgemacht war. [...] Sind eher so diese dunklen Erinnerungen an diese Sachen.

Max, geb. 1977

Meine Eltern sind Schausteller, und wir hatten eine große Schießbude in der DDR. Das war die größte Schießbude in der DDR, und ich würde auch sagen, fast die schönste. Die war zwölf Meter lang, sah aus wie so ein Alpenhäuschen, mit spitzem Dach und Gardinen und Fenster oben dran, also wirklich schön. Und als der Kulturpark zum 20. Jahrestag eröffnet werden sollte, wollte man ein paar Geschäfte von den Schaustellern dazu nehmen, die ein bisschen repräsentativ für die DDR sind. Also was Größeres. Daraufhin hatten meine Eltern 1969 ein Anschreiben bekommen vom Ministerium Kultur, ob sie zur Eröffnung des Spreeparks, des Kulturparks zum 20. Jahrestag da hinkommen wollen. Und meine Eltern hatten sich dann nach langem Hin und Her entschieden, weil es ja wirklich ein großer Einschnitt für sie war. Bisher sind sie alle 14 Tage von Platz zu Platz gereist und auf einmal sollte es was Festeres sein. Und es war auch wirklich nur für das Jahr 1969 bis zum Herbst, also nur in dieser Zeit. Ich weiß nicht, wie lange der Spreepark 1969 aufhatte, wie viele Wochen. Und da sind wir dann nach Berlin gefahren. Da war das noch alles nicht fertig. Die Geschäfte standen alle schon, aber der Asphalt war noch nicht voll ausgelegt und da standen wir auf der Wiese vor der Insel der Jugend. Bevor man über die Brücke geht, ist rechts so eine große Wiese und da wird heute gegrillt, da standen wir die ersten paar Tage mit dem Wohnwagen, bis man uns auf das Gelände ließ. Man war sehr geheimnisvoll. Es war alles abgesperrt. Es kam keiner drauf und die Verantwortlichen von diesem Kulturpark, die wollten eigentlich auch nicht, dass wir mit dem Wohnwagen auf das Gelände kommen, weil man Frieda Müller nicht gerne auf so einem kulturellen Ereignis mit haben möchte. Und man wollte eigentlich für jeden Schausteller, der dort dann in dieser Zeit in dem Kulturpark war, einen kleinen Bungalow bauen, dahinten wo die Werkstätten sind. Das hatte sich aber dann erst mal zerschlagen. Das Geld war alle gewesen und wir durften mit den Wohnwagen erst einmal drauf fahren und haben dann hinten gestanden. Ich weiß nicht, ob da jetzt eine große Halle war, also wo die Parkeisenbahn fährt, ganz hinten lang, da steht doch so ein Trafo-Häuschen oder so ein Umspannwerk oder irgend so etwas. Hinter diesen Baracken, da standen wir die ersten zwei oder drei Jahre mit dem Wohnwagen, die ganzen Schausteller. Dann haben wir aufgebaut dort hinten ungefähr hinterm Riesenrad. Auf der rechten Seite, da wo das abgebrannte Häuschen steht. Dort unten standen die Schausteller. [...] Ab 1970 kamen dann noch andere Schausteller dazu. Es kamen noch zwei Schießbuden dazu, ein Kettenkarussell und Ballwerfen. Dann kam noch eine Geisterbahn dazu. Also ich kann Ihnen auch, wenn Sie wollen, die Namen noch sagen, wer zu was gehört. So hat man sich dann da eingerichtet. Ach so, und wir hatten ja diese Schießbude in Form eines Alpenhäuschen. Also wie in Bayern, wie so ein Bayernhaus, mit spitzem Dach und Blumenkästen oben an den Fenstern, also es war wie ein Häuschen ausgerichtet. Und mit Fachwerk bemalt. Unten am Ladentisch von dieser Schießbude da waren so einzelne Felder, die waren wiederum in einzelne Felder aufgeteilt. Manche Felder waren mit Fachwerk bemalt und zwischen den einzelnen Feldern hatten wir

vielleicht drei oder vier rote Herzen aufgemalt. Da standen dumme Sprüche. Ich weiß da auch gar nicht mehr, wie die Sprüche hießen. Also so ein bisschen in bayerischer Mundart. Als wir in den Kulturpark kamen, wussten die ja, wie unsere Schießbude aussah, aber diese Sprüche passten zu dieser kulturellen Veranstaltung, zu diesem 20. Jahrestag der DDR und zu diesem großem kulturellen Ereignis nicht dazu. Da gab man uns hellblaues Plastik-Spelakat, so hieß das damals. Da mussten wir diese Herzen damit zukleben.

Monika, geb. 1952

Es gab ja so etwas in der Art mit Karussells und Fahrgeschäften nicht irgendwie in Form von Sommerfesten oder Stadtteilfesten. So was gab es damals hier zu Ostzeiten gar nicht so. Das Ding war eben halt ein halbes Jahr offen. Es war im Winter immer zu, klar, aber es war eben ein halbes Jahr so round about jeden Tag geöffnet. Und ich glaube, die hatten einen Tag in der Woche zu, aber ich bin mir da nicht mehr ganz sicher. Da konnte man immer hin. In den Ferien war das Ding natürlich eine Attraktion. Aus sämtlichen Teilen der Republik sind die dann natürlich nach Berlin gekommen, um das Ding zu besuchen. Es gab eben nicht viel anderes in der Art und Weise, wie es der Kulturpark war

Gisela, geb. 1962

Also ich war zum ersten Mal im Kulturpark, da war ich so sechs. Das war kurz vor meiner Einschulung und das war; das ist der erste Besuch, an den ich mich erinnern kann. [...] Das war vor meiner Einschulung, also quasi auch vor der Wende, der einzige Freizeitpark, den ich wirklich besucht habe. Ich glaube, es gab in der DDR auch kaum andere und die anderen Fahrgeschäfte, die man sonst einmal gesehen hat, wurden nur an Weihnachten aufgestellt. Aber ich kann mich da jetzt nicht groß daran erinnern, dass ich regelmäßig, also zu anderen Gelegenheiten, mit solchen Fahrgeschäften fahren konnte. Währenddessen war der Kulturpark eben in meiner Kindheit so eine feste Anlaufstelle, wo man regelmäßig hingehen konnte und nicht nur eben zu Weihnachten auf den Weihnachtsmarkt. [...] Das mag auch damit zusammenhängen, dass meine Familie und ich uns in der DDR jetzt nicht so großartig fortbewegt haben. Wir waren schon einfach oft in Berlin oder eben an Ausflugsorten, die mit dem Urlaub verbunden wurden. Wir sind jetzt nicht extra nach, zum Beispiel Dresden hingefahren, da gab es noch so was. Nach meinem Kenntnisstand war das so, dass es diese Einrichtung als Freizeitpark in der DDR nicht so gab. Das ist nicht so wie heute ein festes Angebot in der Freizeit oder ein feststehendes Freizeitangebot für Kinder gewesen, sondern das war auf spezielle Vergnügungen beschränkt, auf spezielle Anlässe. Und der Kulturpark an sich, glaube ich, ist dann eben nicht als typisches Element zu bezeichnen zu DDR-Zeiten.

Julia, geb. 1982

Besonders war eigentlich, sage ich jetzt mal so, die Vielzahl der verschiedenen Fahrgeschäfte, die es zu dem Zeitpunkt gab. Da war für jeden was dabei: ein Kettenkarussell, eine Achterbahn, dann so ein Pressluftflieger, das Riesenrad natürlich und Geisterbahn, die Bob-Bahn, wo ich jetzt hinterher herausgekriegt habe, die heißt ja eigentlich Bayernkurve. Also, ich sage jetzt mal, die Vielzahl war besonders.

Lars, geb. 1967

1985 waren wir relativ häufig da, weil meine Cousine, die galt in der DDR als kinderreich mit vier Kindern und haben immer Bons bekommen, mit denen wir dann kostenlos fahren konnten. Ich glaube, ab drei Kindern galt man als kinderreich, und dann hat man im Jahr zwei, dreimal so ein Kontingent an Abreißkarten bekommen. Da konnte man dann halt in den Kulturpark gehen und musste nicht bei jedem Fahrgeschäft bezahlen.

Barbara, geb. 1960

Ich sitze auf dem Schoß von so einem Eisbären. Da haben die wohl immer Fotos früher gemacht

Katrin, geb. 1979

Also diese alten Kassenhäuschen, wenn man vorne in den Haupteingang rein kam, hatte man ja diese, ja, was war das? Keine Ahnung! Aber so Stände, die dann natürlich auch immer sehr überlaufen waren, weil das immer sehr voll war. Da bist du halt rein gekommen und dann war das wie so eine Art kleine Straße. Dieses alte Toilettengebäude, so ein Steingebäude, das steht glaube ich immer noch. Da sind wir dann längs gegangen und durch den Haupteingang gerade durch und dann gab es auf der linken Seite – heute würde man dazu sagen „Fliegender Teppich" – „Wellenreiter" hieß der damals bei uns. Wo man mit so einem Teppich hoch gelaufen ist, und dann da nach unten gerutscht. Das war dann links und gerade zu bist du auf dieses runde Ding zugegangen, Ufo haben wir dazu immer gesagt. Das hat jetzt irgendjemand dort im Treptow Park im Gar-

ten stehen, wo die Kulturparkleitung drinnen saß. Dort ist ringsherum die Oldtimer-Eisbahn gefahren. Wenn man dann rum gegangen ist, dann ist man auf die wahnsinnige Achterbahn zugekommen, wo eine meiner Geschichten passiert ist, dass ich mich habe überreden lassen von den Klassenkameraden: „Mensch komm, fahr doch mit!" Vorher haben wir dann irgendwas gegessen, ich weiß gar nicht mehr was. Und als wir mit der Achterbahn gefahren sind, kam es dann natürlich auch im hohen Bogen wieder raus. Das war mein erstes und letztes Achterbahnerlebnis und seitdem bin ich nie wieder Achterbahn gefahren. […] Dann ist man weiter gegangen, das ist ja nicht im Kreis aufgebaut, weil, wenn du rein kommst, gibt es diesen langen Weg, dann dieses Ufo, links am Ufo war dann dieser Wellenreiter. Dann weiß ich es nicht genau, dann kam gleich die Achterbahn. Dann bist du rechts weiter gegangen. Das sieht man auch auf den Spreepark-Fotos, weil in der Mitte ja eigentlich ein relativ weiträumiger Platz war. Da war dann einmal dieses eine Fahrgeschäft, da bist du eingestiegen und das war an so langen Stahlseilen. Und die haben dich dann immer in der Kurve rumgeschleudert. Und meine zweite Geschichte, die mir da passiert ist, war mit diesen „rollenden Tonnen", so hießen die damals. Das waren zwei riesengroße Eichenfässer, die sie aufgebaut haben, und die haben sich immer gegeneinander gedreht. Die waren innen drin mit Teppich ausgelegt. Da musstest du auf der einen Seite reingehen und du musstest oder konntest da mitlaufen, bist weiter gegangen oder in die nächste Tonne. Es war ja damals Minirock-Zeit und wir fanden alles irgendwie ganz toll, und ich kriege natürlich das Stolpern, bei meinem Talent in dieser Tonne drin und bin dann natürlich durch die Gegend gepurzelt, und der, der das Ding bedient hat, der das eigentlich auch gesehen hat, der hat sich natürlich einen Spaß draus gemacht und fand das voll witzig. Und da war aber noch ein jüngerer bei ihm, und der hat dann diesen „Aus-Knopf" gedreht und hat mir dann geholfen, aus dieser Tonne raus zu kommen. Das fand ich total cool, die anderen haben dann alle geklatscht, weil die das auch blöd fanden, dass der das Ding weiter drehen ließ. Dann hat der mir noch ein Eis gekauft zum Schluss. Fand ich total cool, ein Softeis war das.

Gisela, geb. 1962

Foto 17 von Joachim Meier: Pressluftflieger „Kosmodrom" im VEB Kulturpark

Woran kann ich mich noch erinnern, an den Kulti von 1980? Um Gottes willen, auf alle Fälle, dass das damals der größte Rummel war, den es hier überhaupt gab, als feste Institution sozusagen. [...] Auf alle Fälle an ganz alte Autos, so Oldtimer-mäßig, mit so einem riesengroßen Lenkrad, die man fahren konnte. Das weiß hier jeder und diverse Kinderkarussells, das ist klar. So, wie man eigentlich auch aus Ostzeiten kennt, mit Feuerwehr und Polizei und Motorrad und Fahrrad drauf. So große, weltbewegende Sachen waren da sicherlich noch nicht dabei gewesen.

Torsten, geb. 1968

Da war eine zentrale Beschallung. Da lief den ganzen Tag Schlager, DDR-Schlager. 40:60 war, glaube ich, von der GEMA vorgeschrieben, also maximal 40 Prozent Westmusik und 60 Prozent Ostmusik musste es sein. Oder aus den Ostblockländern. Das war eine zentrale Beschallung. [...] Das UFO war toll. Das stand ja in diesem Rondell, also wenn Sie in den Kulturpark rein kamen. Das sieht jetzt alles ein bisschen anders aus als damals, da stehen ja Pappeln, also eine Pappelallee. Und die stand damals in Zweierreihen. Und dazwischen waren die Wege, die waren auch breiter als jetzt. Und die Wege endeten an diesem Rondell, im Spreepark fuhr da eine kleine Eisenbahn. Und in diesem Rondell in der Mitte stand dieses UFO. Und da war aus irgendeinem skandinavischen Land ein Wochenendhäuschen. Und wir hatten uns das angucken können als das neu war und das war toll. Da war eine komplette Küche, da war eine Dusche, Toilette drin, es war in zwei oder drei Zimmer aufgeteilt. Es war dieses weiß mit dunkelblau. Dunkelblauer Teppich, die Polster waren dunkelblau. Das war toll. Und in diesem UFO, da war die zentrale Beschallung, da war dann die Musiktechnik untergebracht und von dort aus kam die Beschallung. Oder ganz hinten, hinter dem Riesenrad, da wo das Zirkuszelt stand, da war eine große Bühne. Wir hatten auch fast jede Woche eine große Veranstaltung, jedes Wo-

chenende. Da waren viele Gruppen aus der DDR, Musikgruppen. Ganz viele Veranstaltungen waren dort hinten. Es gab dann Durchsagen dazu. Das war diese zentrale Beschallung. Und die war in diesem UFO drin. Das sah wirklich toll aus.

Monika, geb. 1952

Also ich weiß oder kann ich mich ganz schwach erinnern, dass es früher zu Ostzeiten noch nicht so viele Fahrgeschäfte gab, wie dann später zur Wendezeit. Also die haben dann irgendwie mehr da hingemacht. Aber so richtig weiß ich es auch nicht mehr. [...] Dieses Riesenrad, das gibt es ja schon seit, wahrscheinlich seit Anfang an, dann kann ich mich nur noch an ein Kettenkarussell erinnern von früher und halt diese Autos, die auf solchen Schienen gefahren sind. Diese Oldtimer gab es ja noch, die da auf solchen Schienen gefahren sind. Genau, daran kann ich mich noch erinnern. Aber ansonsten mehr so, wo der Spreepark war mit der Achterbahn und diesen Dinos, die sie dann da hingebaut haben.

Katrin, geb. 1979

Ich glaube, ich war mal, als ich noch relativ jung war, mit meiner Mutter da. Daran kann ich mich erinnern und später wurde das ja so ein Fest der Familie mit meinem damals besten Freund. Wir waren wirklich regelmäßig da. Es gab immer genau drei Attraktionen, die wir mitgenommen haben und zwar a) der Waffelstand, wo es Waffeln gab mit Puderzucker bestreut, um den Hunger zu stillen. Dann gab es die Bob-Bahn, das war so eine Bahn, die ganz schnell im Kreis gefahren ist. Und natürlich war ihr Hauptattraktion für uns die Achterbahn. Wo wir uns dann natürlich auch gleich vier, fünf Tickets gekauft haben und vier-, fünfmal hintereinander gefahren sind.

Martin, geb. 1969

ATTRAKTIONEN

„Roting Cup"

1992 wurde am Eingang zum Freizeitpark das Karussell „Roting Cup", unter der Kuppel eines Pavillons errichtet. Es war bis zur Schließung des Spreeparks in Betrieb und ein wahrer Besucher-Magnet. Wie viele andere Fahrgeschäfte auch wurden die Riesentassen „Roting Cup" Anfang der 90er-Jahre aus dem in Konkurs gegangenen französischen Freizeitpark „Mirapolis" gekauft. Auf diesen Tassen und auf der Kanne in der Mitte sieht man eine Figur, einen Troll. Man erkennt an dem Gelbton und an der Aufschrift Quick-Cup, dass es sich um Nesquik-Kaffeetassen oder Kakao-Tassen handelt. Der Troll wurde bereits in Frankreich abgelöst, weil entschieden wurde, dass dieser Troll zu dick sei und die Kinder dazu verleite, dick zu werden. Deswegen gab es dann diesen magersüchtigen Hasen, den es in Deutschland mittlerweile auch gibt. Auf den Wimpeln, die unter der Überdachung hängen, steht ebenfalls noch „Nesquik".

Foto 18 von Christopher Flade: „Roting Cup" (2010)

ERZÄHLTE GESCHICHTE(N)

Freizeit in der DDR

Rein von Erzählungen her hat zwar der DDR-Bürger ein fröhliches, friedliches Leben geführt, aber ich denke mal, er war auch an sich schon dankbar über die Möglichkeiten eines Zufluchtsorts, beziehungsweise eines Verstecks, wo man was anderes denken oder fühlen konnte.

Michael, geb. 1985

Also dieser Freizeitpark, auch wenn er ja ein Ostpark war, war immer so ein kleines Stückchen Westen – in Anführungszeichen. Denn außer dem Rummel, den es ja nicht so häufig gab und dem Weihnachtsmarkt, hatte man diese Möglichkeiten gar nicht. Und es gab ja nur in Berlin diesen Park. Es war ja nicht so, dass es dann irgendwo anders in Leipzig oder in anderen größeren Städten solche Möglichkeiten gab. Das war dieses Vergnügen, einfach nur zum Vergnügen irgendwo hinzugehen, das war schon eine Flucht, denke ich.

Max, geb. 1977

An Aktionen, an Pioniere-/FDJ-Aktionen im Kulturpark kann ich mich eigentlich nicht erinnern. Man hat da vielleicht mal als Schule einen Ausflug hin gemacht. Früher gab es bloß noch der Insel Berlin, und das war immer bei uns im Volksmund die Liebesinsel, aber offiziell war es die Freundschaftsinsel, die da rechts vom Kulturpark ist, da gegenüber beim Zenner. Die Insel der Jugend, so hieß sie dann, nachdem die FDJ dort Einzug gehalten hatte. Da fand ganz viel statt, mit Konzerten und alles so was. Da hat sich, da kann ich mich daran erinnern, des Öfteren mal Punk und FDJ zusammen getroffen und hat Veranstaltungen gemacht. [...] [...]im Volksmund hieß sie immer Liebesinsel, weil sich da Pärchen drauf getroffen haben. Das weiß ich auch von meinem Vater her, weil der Zenner schon seit Ur-Berliner Zeiten existiert und da ja schon ein Ausflugsziel gewesen ist. Von meinem Vater her weiß ich, der ist geborener Berliner, dass der als Jugendlicher

auch schon auf der Insel war und da hieß die schon immer „Die Insel der Liebe" oder „Liebesinsel". Irgendwie so hatten sie die im Volksmund betitelt. [...] So, und irgendwann zu DDR-Zeiten wurde es ja dann mal Insel der Freundschaft und Insel der Jugend. Jetzt heißt es ja, glaube ich, bloß noch Insel Berlin. Steht da dran auf einem Plakat oder Transparent. Oder Berliner Insel.

Torsten, geb. 1968

Die Schausteller waren ja eigentlich ein notwendiges Übel. Aber man hat gemerkt, wenn man die Besucherzahl für die Schausteller im Jahr hochrechnet, dann hatten die Rummel in der DDR, alle Rummel zusammen, mehr Besucher als Theater und Kino zusammen. Also der Rummel war ein großes Vergnügen für die DDR-Bürger. Und dann hat man das in der Kulturführung eingesehen, dass man eben dieses profane Vergnügen, das eigentlich nicht zum sozialistischen Menschen oder Menschenbild passt, dass man das nicht abschaffen kann, und dass man den Leuten das nicht wegnehmen kann, weil sie sonst rebellieren. Da hat man gesagt, dann machen wir das selbst. Und so kamen dann diese Karussells von der Berolina. Die wurden von der zentralen Stelle betreut, da man das selber machen wollte. Man ist ja dann auch alle 14 Tage auf den Rummel mit der Achterbahn und mit anderen großen Karussells gefahren. Das war dann auch die Überlegung, dass man das auf einer niveauvolleren Schiene als einen Rummel machen möchte. Da kam dann der Kulturpark. Da hat man ja auch viel Geld, für die DDR war das ja unwahrscheinlich viel Geld, in die Hand genommen, um dieses Teil auf die Beine zu stellen. Es waren ja alles Devisen. Die mussten irgendwo anders abgeknapst werden. Es wurden aus der ganzen DDR die Leute herangefahren. Die kamen aber alle freiwillig. Klassenfahrten kamen nach Berlin. Alle Besucher, die mit dem Bus nach Berlin kamen, wie heute auch, die wurden automatisch mit in den Kulturpark gefahren. Also wir hatten dadurch unwahrscheinlich viele Leute, mehr Leute aus der DDR als aus Berlin. Berliner kamen auch, aber die waren im Endeffekt in der Minderzahl. Wir hatten Mengen von Klassen dort gehabt. Es waren auch viele Veranstaltungen, die dort abgehalten wurden am Wochenende. Wir haben Mengen von Menschen gehabt. Zum 20. Jahrestag als der Kulturpark eröffnet wurde, da ist man ja überrannt worden. Die Leute sind wirklich in Strömen gekommen. Oder dann zu den Weltfestspielen, wir hatten ja mehrere Weltfestspiele in Berlin, in Ostberlin. Da haben wir wirklich von früh um Zehn aufgemacht und haben durchgearbeitet bis die Nacht um Zwölf oder um Eins. Das waren Tausende von Menschen. Da hatte man sie unter Kontrolle, diese Jugend. Die wurden dahin gefahren. Die haben sich amüsiert. Es war wirklich toll. Und man hat auch wirklich viel für die Leute gemacht. Aber da wurde eben ein bisschen Luft aus dem Kessel gelassen. Denn so konform, wie man heute manchmal denkt, war ja die Menschheit der DDR auch nicht. Also es wurde in kleinen Kreisen schon geredet, und auch in den Betrieben oder so. Man hat sich da nicht alles gefallen lassen.

Monika, geb. 1952

Da konnte man mal andere Sachen sehen und hören. Ansonsten war im Kulti immer mal irgendwo so ein bisschen die Punkszene ansässig gewesen so ein bisschen das Revolutionäre in der Jugendzeit auf dem Kulti. Von daher war da immer etwas los, war das immer ganz lustig und interessant.[…] Warum die Punks ausgerechnet dort waren, keine Ahnung. Weil es im Wald war, (lacht) weil man da vielleicht auch unter Menschen war. Weil da nicht einfach irgendwo so jemand kam und hat einen mitgenommen, verhaftet, weggeführt, weggesperrt: Vielleicht war das so eine Angst. Oder keine Angst, sondern das Bewusstsein, dass man dort sicherer ist, dass es dort öffentlich ist, dass da nicht viel passieren kann. Wenn ich hier irgendwo zu einem Punkkonzert gegangen bin, dann musste ich ja immer irgendwie die Befürchtung haben, dass da doch irgendwo einer steht, und wenn ich wieder herauskomme, werde ich weg gefangen. Aber dort waren ja immer viele Leute. Da waren ja immer Menschen und Massen und wir waren da regelmäßig. Wir hatten dort immer einen großen Treffpunkt an der Schießbude.[…] Ich sage mal, zu Ostzeiten war die Jugendbewegung viel größer, intensiver, anders, möchte ich sagen. Ich habe die nie in Westdeutschland oder auf der anderen Seite von Berlin erlebt, aber ich bin der Überzeugung, dass unsere Jugendaktivitäten und der Zusammenhalt da anders und intensiver war und ja, das war wohl aus der Pflicht, dass es sich so ergab.

Ich sage mal böse, ist aber nicht so gemeint, aus diesem ganzen „FDJ- Gedöns" und diesem „Sozialismus-Trallala", da konnte man entfliehen, da konnte man irgendwo ein bisschen ausbrechen. Ich war auch im Jugendclub und es hat Spaß gemacht, da hat man anders geredet. Da hat man freier geredet. Und das hast du dann dort im Kulturpark noch mehr, weil da eben verschiedene Gesinnungen zusammen kamen, und jeder konnte sich irgendwo zusammen vernünftig, friedlich, freundlich unterhalten. In den 90ern ging das nicht mehr, das sieht man auch da dran, an uns selber, dass es einige Freunde gibt, die man irgendwo verloren hat oder die man dann selber aufgegeben hat, weil sich auch die Interessen geändert haben.

Torsten, geb. 1968

Der Begriff Kultur war ja in der DDR eigentlich weit verbreitet. Es gab Kulturhäuser, es gab den Kultur-Obmann, der sich drum kümmerte, dass die Leute was in der Freizeit machen sollten, aber auch das Richtige machen sollten. […]Was man jetzt so Abteilung nennt oder Gruppe, die hießen Brigaden. Und die haben natürlich auch, sage ich jetzt mal, regelmäßig irgendwas gemacht. Ob sie nun in die Patenklasse, in die benachbarte Schule gegangen sind und da mit Kindern was gemacht haben oder man hat andere Betriebe besucht oder sich auch mal zu einem Tanzvergnügen getroffen. Ich sage jetzt mal, dieser Kultur-Obmann, der war dafür verantwortlich, dafür zu sorgen, dass es irgendwelche Aktivitäten gab. Dass auch mal Brigade geschlossen, ins Theater gegangen ist. War vielleicht auch nötig. Während man arbeiten gegangen ist, wurde man mit dem sozialistischen Wettbewerb konfrontiert. Dann sollte man sich Gedanken machen um irgendwelche Neuerungen, die dann auf dieser so genannten Messe „Der Meister von morgen" gezeigt wurden. Man hatte zum Teil auch gesellschaftliche Verpflichtung, sprich Konfliktkommission zum Beispiel, das waren ja alles so Sachen, wo man als Arbeitnehmer auch involviert war zum Teil. Man brauchte auch mal einen Ausgleich. In diesem Kulturpark war ja auch wenig Politik mit drin. Da hat man sich auch mal mit der kompletten Familie getroffen, um seinen Spaß zu haben, und die Politik wurde ziemlich viel außen vorgelassen.

Lars 1967

Foto 19 von Katrin Ostermann: Foto-Eisbär
zu DDR-Zeiten

Foto 20 von Torsten Lehmann: Minitruck-
Fahrt auf der Dinowiese vorm Riesenrad

Ich würde mal sagen, der war auch in Ostdeutsch-land einmalig. Das war eine Attraktion und des-halb war das an den Wochenenden auch immer so tierisch voll. Das ging los in der S-Bahn. Dann dieser Stau in dem Waldstück, weil man eben vorher geguckt hat, stehen Polen da und wenn ja, und was haben sie anzubieten? Und da ist man eben immer am Wochenende dahin getigert. Und dementsprechend auch die riesige Schlangen vor diesen, ich glaube zwei oder vier Kassen oder zwei Kassenhäuschen mit jeweils vier Mal Mög-lichkeiten, sich anzustellen. Und das war immer brechend voll. [...] Es war doch, ich würde sagen, eine Attraktion. Ich kann mich so nicht daran er-innern, weil ich damals Kind war. Aber ich glaube nicht, dass es in irgendeiner anderen ostdeutschen Stadt so was in der Art und in dieser Größenord-nung gegeben hat.

Gisela, geb. 1962

Das war auf jeden Fall schon ein erweiterter, ich sage jetzt mal, Kulturpark im weiten Sinne, weil man dort halt jedes Mal, egal, wann man da war oder mit wem man da war, immer wieder was Neues erlebt hat. Sei es jetzt, man ist mit der Fa-milie hingegangen, da hat man dann hier und da noch ein tolles Erlebnis gehabt. Jetzt ist der Onkel mal mit einem mitgefahren in seinem Lieblings-fahrgeschäft oder man ist mit Freunden hingegan-gen, hat vielleicht etwas unheimlich Komisches erlebt in der Loopingbahn. Das sind so, denke ich, eher die Beweggründe, in so einen Freizeitpark zu gehen, dass man da halt jedes Mal wieder was Neues erlebt. Denn man geht ja nicht in so einen Fahrgeschäft, sagt: Ich setze mich jetzt hier hin und gucke, was passiert. Sondern ich weiß, da wird definitiv was passieren.

Michael, geb. 1985

Also ich esse heute, heutzutage, so gut wie gar nichts Süßes mehr, also kein Kuchen, keine Scho-kolade. Ich weiß nicht warum, aber es schmeckt mir einfach nicht. Damals gab es natürlich auch Imbissbuden, klar. Irgendwie gab es Currywurst und es gab die berühmte Ketwurst, die ja vom Osten erfunden wurde. [...] Ja, das war lustig, also die Ketwurst ist quasi eine ganz normale, ich glaube, das ist nicht mal eine Bratwurst, sondern ähnlich wie eine Bratwurst, aber von der Form eher so wie so eine Bockwurst, aber gerade und die wurde in ein Brötchen, ein längliches, süßes Baguette Brötchen gelegt. So muss man sich das vorstellen und die wurden erwärmt und auf extra angefertigten Ständern praktisch aufgespießt, dass ein Loch entstand und dann wurde die Wurst in einer Ketchup Soße gewendet und in dieses Bröt-chen reingesteckt. Also in dieses vorgefertigte Loch. [...] Das ist ein typisches Ostding irgend-wie. Vor allen Dingen, das Furchtbare ist ja, also das Brötchen ist süß, ich habe das meinen Kindern

31

mal gekauft, das Brötchen ist süß, die Soße ist total süß. Und dann noch mitten drin diese Wurst, das ist grauenvoll, also wirklich. Aber meine Kinder fanden das ganz toll! Ich habe natürlich einmal abgebissen und gesagt: „Nee, so was esse ich nicht, also ist mir auch zu viel." Aber ich glaube, das gab es erst irgendwie als ich in der Lehre war, als ich so 16, 17 war, kam das erst.

Martin, geb. 1969

Jägerschnitzel. Das waren zwei große Scheiben Jagdwurst mit Letscho oben drauf. So ein Paprikagemüse. Letscho gab es zu allem. Egal was es war, Letscho war immer dabei. Als Sättigungsbeilage, wie es so schön hieß. Ja, es hieß wirklich so. Da stand dann immer in diesen Karten „Jägerschnitzel" und daneben: als „Sättigungsbeilage Letscho und Kartoffeln". Das war die Sättigungsbeilage.

Barbara, geb. 1960

Ich erinnere mich zu DDR-Zeiten, das ist auch ganz typisch bei solchen Rummel und so weiter, dass es Würstchen gab; Also an Currywurst kann ich mich überhaupt nicht erinnern. Es gab eigentlich immer nur Würstchen, so Wienerwürstchen und Bockwürstchen. Das war eigentlich auch nicht so im Brötchen oder so, sondern tatsächlich mit einer Scheibe Toastbrot oder einer Scheibe Graubrot. So typische Berliner Gerichte gab es da eigentlich nicht.

Julia, geb. 1982

Da kann ich auch nicht so viel erzählen, weil wir meistens diese Gaststätte, die es dort gab, die haben wir leider recht wenig besucht. Was ich allerdings auch schade finde, weil man jetzt ja auch mal so gesehen hätte, was da eigentlich für eine Gastronomie drinnen war. Also meistens war denn so ein Kulturparkbesuch verbunden mit zwischendurch einem halben Goldbroiler mit Pommes, ansonsten Eis oder Zuckerwatte! Eine Zuckerwatte oder frische Waffeln. […] Eis war dann meistens temporär. Ich kann mich dran erinnern, am S-Bahnhof Pankow war zum Beispiel ein Schausteller, der hat Eis selber gemacht. Aber so vom Kulturpark, da gab es eher so abgepacktes Eis, sage ich jetzt mal. Wie heute Langnese und Schöller. Mir in Erinnerung geblieben sind eigentlich die frischen Waffeln aus der Waffelbäckerei.

Lars, geb. 1967

Als ein typisches Jägerschnitzel würde ja jeder ein Schnitzel vermuten, also ein Schweineschnitzel.

Und Jägerschnitzel ist wirklich dieses Kulti-Essen, sage ich mal, schlechthin. Das ist wirklich paniert mit Ei, also Paniermehl und dann eine dicke Wurstscheibe.

Gisela, geb. 1962

Oh Gott, was gab es in den 80er Jahren da zu essen, auf alle Fälle immer Ketwurst, die war in Berlin überall berühmt, sowohl auf dem Alex, als auch im Plänterwald. Da gab es immer die beste Ketwurst, das weiß ich ja. Und ansonsten, wahrscheinlich so das übliche, Currywurst und Pommes. Was es in Berlin immer gibt und Waffeln. […] Wir im Osten haben Currywurst immer ohne Darm gegessen. Bei uns gab es meistens ohne Darm. […] Und kandierte Äpfel, , diese ganzen leckeren, versüßten Süßigkeiten. Wobei in den 80er Jahren hat es noch keine Erdbeeren mit Schokolade und Bananen mit Schokolade gegeben, aber kandierte Äpfel, damit hat man sich wahrscheinlich tot geschmissen. Meine Frau sagt auch, sie kann sich eigentlich nur an kandierte Äpfel von A bis Z erinnern.

Torsten, geb. 1968

Aber was ich eigentlich erzählen wollte, also das Hauptding, das ich da erlebt habe, das war ja so von Punks bevölkert, also gerade so im Eingangsbereich. Und vor denen hatten wir Respekt. Die fanden wir natürlich irgendwie ganz toll, weil die wirklich anders aussahen als alle anderen und sich auch anders benahmen. Zurzeit als ich mit meinem Freund Christian da war, hatten wir beide, glaube ich, eine Sonnenbrille auf und ich hatte Sticker, unter anderem einen Iron Maiden Sticker und noch einen. Und eines Tages, da waren wir so etwa 12, 13, eher so 13, kam einer zu uns und fragte, ob wir ein bisschen Kleingeld hätten, könnte auch ein bisschen mehr sein. Wir so: „Ha? Was soll das denn jetzt." Dann kam noch einer dazu und dann wurden wir „geruppt", wie es damals hieß. Also das ist das, was ich heute, glaube ich, als abziehen bezeichnen würde. Der nahm uns dann alles ab. Die waren große Männer, was heißt große Männer, die waren, weiß ich nicht, so 17, 18 oder so und haben uns halt alles abgenommen, was wir hatten. Also meinem Freund die Sonnenbrille und dann wurden die Sticker abmontiert von meiner Jacke und von meinem Freund auch. Die man für viel Geld gekauft hatte von irgendjemanden, es waren ja alles horrende Preise damals. Ja, da kostete so ein Sticker mal locker 50 Mark. Und das war dann für uns beide das Ende. […] Es gab auch mehrere Vorfälle, das weiß ich auch. Ich glaube, ich habe das mal gelesen irgendwo in irgendeiner Webseite, dass dann so ein Polizist, also ein Volkspolizist da irgendwie in die Menge hinein schritt und denen erklärte, dass sie sich hätten auflösen sollen. Und dann hätten sie ihm die Mütze weggenommen, was ja sehr mutig war, irgendwie quasi gegen die Staatsmacht damals zu rebellieren. Und dann hätte der gar nicht gewusst, was er jetzt machen soll. Ich weiß nicht genau, ob die ihm auch die Pistole weggenommen haben oder so. Auf jeden Fall war das ein ganz großes Drama und ich glaube, dann kamen auch noch Einheiten von anderen Volkspolizisten und so weiter. Also das war alles sehr merkwürdig irgendwie. Im Osten war es ja so, die hatten ja wirklich vor allem Angst, was irgendwie anders aussah. Ich kann mich gut erinnern, dass ich bei einem Konzert in Mahlsdorf war; das war so Ende der 80er und dann kam die „Trapo", das heißt Transportpolizei, die quasi in den öffentlichen Verkehrsmitteln mit fuhr. Die stieg bei uns in die S-Bahn ein und nahm einen Typen mit, den sie für einen Skinhead hielten. Der hatte eine blaue Bomberjacke an, der war schon so ein Skin, aber ich glaube, der war auch auf dem Konzert und der gehörte eher der linken Szene an, als der rechten. Die hatten ja wirklich, wie gesagt, vor allem Angst. Ich kann mich auch erinnern, dass ich mit einem Freund auf der Friedrichstraße angehalten wurde, weil wir anders aussahen als die anderen, so mit Lederjacken, also Abgegriffen und uns gesagt wurde, wir hätten hier nichts zu suchen. Da haben wir gesagt, dass wir nach Hause fahren. Das war schon sehr lustig im Nachhinein gesehen. Damals natürlich eher nicht.

Martin, geb. 1969

Also es ist auf jeden Fall das Riesenrad, das mir eindrücklich in Erinnerung geblieben ist. Und die Geisterbahn. Und dann gab es so eine Art Geschicklichkeitskarussell. Da waren zwei große Tonnen, die sich gedreht haben, in die man einsteigen konnte und wo man dann so mitlaufen konnte. Und ich weiß, dass ich einen Nachmittag eine halbe Stunde lang immer wieder meine Oma angebettelt habe, dass ich da wieder reingehen kann, damit ich das richtig koordiniert bekomme als kleines Kind, in diesen Tonnen nicht zu stolpern. Die waren ausgekleidet mit Filz, das hat nicht wehgetan. Und ich hatte dann so einen Ehrgeiz entwickelt zu lernen, in dieser sich drehenden Tonne zu laufen. [...] Der Mann, der das betreut hatte, der meinte halt, der Trick sei, eben nicht auf die Füße zu schauen, sondern nach draußen zu gucken und ganz normal zu laufen. [...] Aber es war auf jeden Fall für mich ein ziemliches Erfolgserlebnis, als ich es endlich geschafft habe.

Wohingegen ich zum Beispiel beim Autoscooter fahren als kleines Kind immer gescheitert bin. Da habe ich die Koordination von Gas und Bremse überhaupt nicht auf die Reihe bekommen. (Lacht). Für die Geisterbahn gibt es auch eine Anekdote, die ich mir ziemlich lange gemerkt habe. Vorher müssen wir irgendwie an der Losbude gewesen sein. Und ich habe ein kleines Plastikspielzeug gewonnen, das ein bisschen scharfe Kanten hatte. Weiß ich nicht genau. Danach bin ich Geisterbahn gefahren und hatte immer noch dieses Plastikspielzeug in der Hand. Und während der Fahrt war ich dann so angespannt, dass ich, als ich raus gekommen bin aus der Geisterbahn, sich das richtig eingedrückt hatte in meine Hand, das war richtig blutig geworden.

Désirée, geb. 1981

Ich war mit meinen Eltern und mit meinem kleinen Bruder dort und an diese Schwäne zum Beispiel kann ich mich erinnern. Aber es hatte eher schon so ein bisschen abgerockten Eindruck. Also man hat schon gemerkt, dass es ehemalige DDR war. [...] Woran ich mich gut erinnern kann, ist dieser lange Weg durch den Wald von der S-Bahn-Station. Dass man da noch ein gutes Stück laufen musste, um dort hinzukommen. Das war schon relativ weitläufig und das ist es eigentlich. Ich glaube, ein Ponyreiten gab es auch, ich bin da gerade gar nicht mehr sicher.[...] Ich erinnere mich einfach an dieses Gesamtflair mit der S-Bahn da hin zu fahren, dieser Ost-S-Bahnhof, der lange Weg durch den Wald und dann dieses etwas leicht abgerockt wirkende Ambiente. Alles so ein bisschen. An dieses eine Karussell erinnere ich mich auch noch, diese acht Kaffeetassen. Also ist schon so wirklich lustig, wo das heutzutage ja eher so irgendwelche blinkenden UFOs sind, die sich dann sehr schnell um sich selbst drehen. Das war da alles irgendwie eine Nummer entspannter.

Nadine, geb. 1976

33

ATTRAKTIONEN

„Schiffsschaukel Pirat"

1992 wurde im nördlichsten Zipfel des Spreeparks die Schiffsschaukel Pirat (Hersteller Huss) aufgebaut. Sie stand jahrelang an diesem Ort, an dem man heute die Hutbahn „Chapeau Claque" findet. Auf Grund der thematischen Neustrukturierung Mitte der 90er Jahre zog die Schiffsschaukel um. Sie stand dann am Fuße des Riesenrads, genau zwischen dem Erste-Hilfe-Haus und dem Toiletten-Haus. Einige Jahre nach der Schließung wurde die Schiffsschaukel demontiert und wird nun von einem niederländischen Schausteller in China betrieben.

Foto 21 von Kathrin Gottschalk: Schiffsschaukel „Pirat" (ca. 1993)

SACHA SZABO

Angstsucher und Angstmeider

Wir sind jetzt hier an einer Stelle, an einer artifiziellen Anlage, die ich Ihnen ganz kurz beschreibe. Sie sehen hier oben einen künstlich hergestellten Felsen. Von diesem führt eine Rinne herunter, verschwindet hinter dem Bogen, scheint nach hinten auszulaufen in dieses etwas bläuliche Stück Plastik, geht über diesen kleinen Huckel und läuft dann in dem Teich aus.

Foto 22 von Christopher Flade: Kleine Abfahrt der Wildwasserbahn (2009)

Was mag das sein? Hier hilft uns die Wissenschaft, und zwar gibt es Dokumente, bereits aus dem 16. Jahrhundert, die ganz ähnliche Anlagen zeigen. Sie wurden bereits bei St. Petersburg dokumentiert. Es sind Türme aus Holz, von denen eine abschüssige Bahn hinabführt. Diese Attraktionen wurden in den Wintermonaten mit Wasser begossen, das vereiste. Die St. Petersburger sind da zuerst auf ihrem Hintern hinab geschlittert, wie man sieht, und später haben sie sich auf kleine Brettchen gesetzt. Während der napoleonischen Kriegen sahen die französischen Soldaten diese Attraktion,

35

brachten sie mit nach Europa und daher haben sie auch ihren Namen: die „Russischen Berge".

Diese Erfindung wurde im 19. Jahrhundert während der Industrialisierung technisch aufgerüstet und kinetisch potenziert. Hier sehen wir so eine Anlage und haben wieder diese Rutschbahn. Auf der einen Seite wurden die Bötchen hochgezogen, auf der anderen fuhr man hinab. Hinten war ein Schaustellergehilfe, dessen Funktion es war, das Bötchen auf Kurs zu halten und gleichzeitig dafür zu sorgen, dass das Auftreffen auf dem Wasser so stark war, dass eine möglichst große Gischt entstand.

Foto 23 Postkarte o.V. um 1900, Archiv Sacha Szabo

Eine dieser frühen Attraktionen befand sich auch in Berlin im Vergnügungspark Halensee.

Foto 24 Postkarte 1911, o.V., Archiv Claudia Puttkammer

Unsere Bahn hier unterscheidet sich von diesen Türmen. Wir sehen zum Beispiel, dass sie etwas geschwungen ist. Es ist tatsächlich so, dass diese Bahn nicht nur aus Holz ist, sondern sie scheint aus Plastik zu sein. Tatsächlich wurden Mitte des 20. Jahrhunderts diese Bahnen zu Wildwasserbahnen umkonstruiert unter der Verwendung von Plastik, das sehr entscheidend ist, weil es andere Fahrformen ermöglichte. So entstand die moderne Wildwasserbahn.

Ich habe während meiner Forschungen mit Werner Stengel ein Interview geführt, der vom „Spiegel" „Der Herr des organisierten Erbrechens" genannt wurde. Werner Stengel ist führender Konstrukteur von Achterbahnen und Vergnügungsanlagen und hat zum Beispiel die „Silverstar" im Europapark konstruiert. Ich habe Werner Stengel gefragt, warum denn Menschen mit solchen Bahnen fahren. Er antwortete:

> „Das ist eine Mutprobe, das ist eine Funktion für unsere Gesellschaft. Dort befriedigen sich Fahrgäste, indem sie Abwechslung schaffen. Mutproben. Und diese Mutproben, muss ich persönlich sagen, finde ich hochinteressant und schön. Und ich habe auch immer gesagt, das sind keine Angstschreie. Das sind zum Teil auch Lustschreie."

Wenn wir diesen Begriff der Mutprobe nehmen, kommen wir dem eigentlichen Reiz dieser Attraktionen wesentlich näher. Es ist so, dass sich jede Mutprobe ethnologisch dadurch auszeichnet, dass sie Initiationsrituale beinhaltet. Die bekanntesten Initiationsrituale sind Mannbarkeitsrituale, die Probanden werden mit Zeichen wie Schmuck, Federn, Narben ausgezeichnet, dass sie diese Mutprobe auf sich genommen haben und dass sie sie bestanden haben. Die Narbe oder Feder ist der Beleg für das Bestehen der Prüfung.

Wenn Sie jetzt in diese Richtung blicken, sehen Sie einen Kasten. Dort ist nämlich ein Fotokasten aufgebaut, der Sie genau in dem Moment, in dem Sie im Wasser aufschlagen, fotografiert. So dass Sie also jedem, der Ihrem Mut bezweifelt, beweisen können „Ich habe das auf mich genommen, ich habe das überlebt".

Foto 25 Archiv Christopher Flade: Wildwasserbahn „Grand Canyon" (Onride-Foto vom 27.04.2000)

Nun hat jedes Ritual auch einen bestimmten symbolischen Hintergrund. Diesen Hintergrund können wir mit Hilfe der Psychologie teilweise entschlüsseln. In dieser Richtung sehen Sie eine Höhle. In der Psychoanalyse wird die Höhle dem Weiblichen zugerechnet. Es ist der Uterus. Dann haben wir die hinabgleitende Bahn, das ist sozusagen der Geburtskanal. Hier sieht man unten einen Huckel, und dann landet man im See, im Fruchtwasser und dieses fängt einen auf. Wobei dem Wasser auch immer die Symbolik der Reinigung zukommt. Wir haben es also mit einem Ritual des zur Welt Kommens zu tun. Menschen setzen symbolisch ihr Leben aufs Spiel und werden neugeboren.

Foto 26 Postkarte 1899, o. V., Archiv Sacha Szabo

Wenn wir heutzutage die Geschichte der Achterbahnen skizzieren, gibt es zwei Entwicklungslinien. Die eine Entwicklungslinie ist die der „Russischen Berge", die wir bei der Wasserrutsche aufgezeigt haben. Die zweite kommt aus Nordamerika. Dort steht der Urahn der modernen Achterbahn, die Mount Chunk Switchback Railway. Diese Bahn war eine Kohlentransportbahn. Im Folgenden ein Bild einer historischen Aktie dieser Firma.

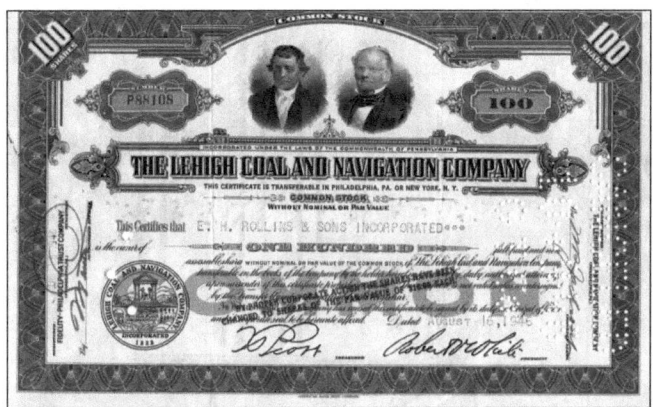

Foto 27 Historische Aktie, Archiv Sacha Szabo

Diese Bahn wurde in Nordamerika 1976 zum Nationalmonument erklärt. Zur Funktionsweise: Es war eine Kohlenlorenbahn. Kohle wurde abgebaut, wurde oben in Wagons geladen, und die glitten durch die Schwerkraft hinab. Waren die Wagons unten, musste man sie natürlich wieder hoch bringen. Dazu benutzte man Esel. Man spannte also die Esel vor die Lore, zog die Wagons wieder auf den Berg hinauf. Jetzt waren aber die Esel oben. Man wusste also nicht, was man mit den Eseln machen sollte, setzte die Esel kurzerhand in die Wagons rein, und ließ sie auch ins Tal runterfahren. Frank Lanfer der mit „100 Jahre Achterbahn" die erste deutsche Monographie zur Achterbahn verfasste, hat diese Szene wunderschön beschrieben:

> „Den Rückweg durften die Esel dafür auf einem eigenen Wagen bergab fahren, was ihnen scheinbar so viel Spaß bereitete, dass sie sich beharrlich weigerten, noch mal aus eigener Kraft zurückgehen zu müssen. Das blieb den Arbeitern natürlich nicht verborgen, und sie probierten selbst einige Fahrten aus. Zwei Jahre später wurde nur noch vormittags Kohle transportiert und die Nachmittage blieben für menschliche Fahrgäste reserviert."

Diese Kohlenbahn war nun der Vorläufer der ersten Achterbahn. Die dezidiert erste Achterbahn wurde von Marcus Edna Thompson konstruiert. Es ist im Prinzip eine Anleihe an die Mount Chunk. Thompson baute diese Bahn auf Coney Island. Die erste deutsche Achterbahn wurde von Carl Gabriel beim Oktoberfest 1908 aufgebaut. Mit dem Schaustellerunternehmer Hugo Haase begann dann in Deutschland das erste Achterbahnfieber.

Foto 28 Postkarte ca 1910 Verlag Alber Lahl, Archiv Sacha Szabo

Hier sehen wir eine dieser ersten Bahnen. Dies erklärt auch, warum Achterbahnen „Achterbahn" heißen. Sie haben ursprünglich die Form einer liegenden Acht. Marcus Edna Thompson wurde gefragt, warum er denn überhaupt eine Achterbahn gebaut hat. Thompson: „Jeder sollte die Möglichkeit haben, für einen Groschen oder zwei der realen, der kriminellen Welt zu entfliehen und für kurze Zeit in eine bessere, reinere und gesamtheitlichere Welt eintauchen zu können."

Jetzt wissen Sie auch, warum vorne im Park ein Tor war. Es ist nämlich ein Tor, das die Welt des Alltags außen vorlässt. Wir sind hier sozusagen an einem friedlichen Ort, in einem „Locus Amoenus", einem Ort ohne Kriminalität, an dem auch ganz eigene Gesetze herrschen. Nur als Beispiel am Rande, wenn Sie auf den Boden gucken, werden Sie keine Kaugummis sehen. Sie werden kaum in Vergnügungsparks Kaugummis finden, weil in Vergnügungsparks keine Kaugummis verkauft werden, damit der Boden nicht verschmutzt. Es herrschen also ganz andere Normen, auch ganz andere Sauberkeitsnormen.

Foto 29 von Kathrin Gottschalk: Sauberer Fußweg im Freizeitpark

40

In der Ankündigung dieser Tour habe ich versprochen, Sie aufzuklären, warum manche Menschen bei der Achterbahnfahrt die Arme hochreißen. Manche tun das, andere klammern sich fest und schließen die Augen. Man hat auch immer ein bisschen Angst. Das ist eben eine Mutprobe, genau wie die Wasserrutsche. Auskunft oder Hilfe gibt uns dabei der angelsächsische Begriff. Im Angelsächsischen werden Achterbahnen als „Roller Coaster" beschrieben. Der Begriff des „Roller Coasters" kann nicht präzise eins zu eins übersetzt werden. Das soll für uns auch gar nicht so wichtig sein. Viel wichtiger ist das Synonym dafür. Sie werden nämlich Thrillrides genannt. Thrill wird jetzt im Deutschen als deutscher Begriff mit „Angstlust" übersetzt. Und dieser Begriff der Angstlust wurde von Michael Balint, einem ungarisch stämmigen Psychologen entwickelt. Michael Balint ging davon aus, dass der Mensch vor seiner Geburt eins ist mit der Welt, die durch die Mutter repräsentiert wird, und bei der Geburt aus dieser Einheit herausgetrennt wird und nun beständig versucht, diese Einheit wiederzuerlangen. Die Angst, die das getrennt Sein dem Kind vermittelt, will es mit verschiedenen Strategien überwinden. Dabei gibt es Oknophile und die Philobaten. Auf Deutsch: Es gibt die Angstmeider und es gibt die Angstsucher.

Und genau diese zwei Strategien sehen wir wieder bei den Achterbahnfahrern. Da gibt es natürlich die Angstsucher. Das sind diejenigen, die sich hoch aufrichten in den Wagons, die Arme hochreißen und jauchzen, während die Angstmeider diejenigen sind, die die Augen schließen, sich festklammern und schreien. Man kann das vielleicht nicht ganz so klar trennen. Wenn ich mich selbst beobachte, finde ich eigentlich beides bei mir vor, wobei ich doch mehr zum Philobaten neige, wie Sie hier sehen.

Foto 30 Archiv Sacha Szabo (Onride-Foto)

41

Wir dürfen aber den Umgang mit Angst nicht mit Mut verwechseln. Es hat auch nichts mit Mut zu tun. Es ist ein Versuch, diese Trennung zwischen mir und der Umwelt aufzuheben. Das Verblüffende ist nun, dass ich in diesem Moment, in dem ich in Todesangst in der Achterbahn sitze, sozusagen meine eigene Sterblichkeit vergesse. Dies macht die Achterbahn zu einer ganz besonderen Attraktion, durch das Vergessen der eigenen Sterblichkeit.

Klaus Schützmansky, der das Buch „Rollercoaster" verfasste, beschrieb dies folgendermaßen:

> „Nicht von ungefähr pflegen Amerikaner, sobald sie nach der Fahrt freudestrahlend dem Zug entsteigen, auszurufen: "I did it". Damit verkünden sie nicht nur, dass sie ihren inneren Schweinehund überwunden haben. Vielmehr teilen sie noch mit, dass sie sich in den Tod gestürzt und es überlebt haben. Und was ist das anderes, als für einen kurzen Augenblick über die Schwelle des Paradieses getreten zu sein, auch wenn es nur ein Vergnügungsparadies war."

Wir haben es aber zugleich auch mit einer Mutprobe zu tun. Man kann dies wunderbar bei diesem Drachenmaul zeigen. Wenn wir auf dieses Maul starren, stürzen sich die Fahrgäste in diesen Raubtierschlund. Es ist eine archaische Bedrohung durch den Säbelzahntiger oder was es auch immer sein mag. Wir stürzen in dieses Maul hinein, müssen befürchten, verschlungen zu werden und überleben es. Wenn das keine prototypische Mutprobe ist!

ATTRAKTIONEN

„Jet Star"

Daten
Baujahr: 1970
Geschichte: Seit 1970 steht „Jet Star" im Kulturpark im Plänterwald
Hersteller: Schwarzkopf
Abmessungen: 27 m x 44 m
Länge: 538 m
Höhe: 13,5 m
Geschwindigkeit: 50 km/h

Zur Geschichte: 1994 sind vier Mädchen beim Achterbahnfahren schwer verletzt worden, weil zwei Fahrzeuge der weiß-blauen Achterbahn zusammenprallten. Die Besucher hatten vor dieser Achterbahn großen Respekt und lehnten es ab, mit der Bahn zu fahren. Die Spreepark GmbH ließ die Achterbahn über den Winter neu streichen. Jetzt war die Bahn gelb-rot und wurde unter neuem Namen als „Bob-Bahn" präsentiert. Die Achterbahn „Jet Star" gehört zu den Fahrgeschäften, die nach der Spreepark-Schließung mit nach Peru genommen wurden. Sie fährt heute immer noch auf einem Rummelplatz in Lima.

Foto 31 von Christian Rösler: Bob-Bahn „Jet Star" (2000)

Foto 32 von Joachim Meier: Das alte DDR-Riesenrad

ERZÄHLTE GESCHICHTE(N)

Kultgeschäfte

Beim Riesenrad war ich selbstverständlich auch gerne dabei. Aus dem Aspekt, weil man da nicht nur eine Übersicht über die Fahrgeschäfte selbst hatte, sondern man konnte das komplette Gelände einsehen. Und wenn man ganz oben war – das Riesenrad ist ja zwischenzeitlich immer mal wieder zum Stehen gekommen, weil andere Fahrgäste ein- oder ausgestiegen sind – hatte man in diesen Momenten die Möglichkeit, auch noch mal ein bisschen weiter zu schauen. An guten Tagen, wenn es wirklich klar war, konnte man sogar rüber gucken bis zum Alexanderplatz. Also sprich über den kompletten Plänterwald hinweg bis zum Alexanderplatz und dort konnte man den Fernsehturm sehen. Das fand ich persönlich ein Erlebnis.

Michael, geb. 1985

Das Riesenrad natürlich. Da dreht man sich nur langsam, aber man sieht was, man guckt sich die ganze Stadt mal von oben an. Wie viele Verrückte es doch gibt, die dann auch da sind, außer mir (lacht). Und ansonsten genießt man auch mal die Aussicht. Und die Ruhe, eben als krassen Gegensatz zum Trubel auf dem Rummel. Da ist das Riesenrad dann eine kurze Erholung, dann sagt man danach: „Ne, komm, da müssen wir hin." Und abends natürlich, wenn alles bunt ist, die Lichter blinken, das war klar. Weil da sieht man alle blinkenden und leuchtenden Buden und Fahrgeschäfte.

Torsten, geb. 1968

Das Riesenrad ist genau das Gegenteil, einfach die Ruhe, je nachdem. Also ich mag die Riesenrad, das im Spreepark ist, das mag ich. Das sind feste Gondeln. Ich mag es nicht, wenn sie sich drehen können. Wenn es so ist, das mag ich zum Beispiel gar nicht. Es kommt immer drauf an, mit wem man fährt, dass man mal so langsam dreht, aber es gibt halt immer gerne Leute, die es über

treiben. Einfach die Ruhe zu haben, das macht ja dann relativ wenig Geräusche. Man kann dann halt in Ruhe einfach den Blick schweifen lassen und auch in sich gehen.

Max, geb. 1977

Da geht es mir schlicht und ergreifend einfach mal um die Aussicht und eben die Übersicht über den ganzen Park zu gewinnen. Ich gucke mir immer auch ein oder zwei Fahrgeschäfte aus, die die Möglichkeit geben, erst einmal ein Gelände von oben wahrzunehmen, weil ich ein sehr großes geometrisches Umsetzen habe. Das heißt, wenn ich von oben her in so einen Park reinschaue, dann weiß ich, wo ich mich befinde und kenne das Gelände dann besser. Wenn ich einen neuen Freizeitpark besuche, dann fahre ich immer erst nach oben zum Gucken. Dann weiß ich anhand der Konstellation der Bauwerke, wo ich mich befinde.

Uwe, geb. 1974

Das Riesenrad war toll. Weil man so einen weiten Ausblick hatte. Man musste auch immer lange anstehen, um mit dem Riesenrad zu fahren und das war immer der Höhepunkt. Also erst habe ich immer die ganzen aufregenden Fahrgeschäfte mitgemacht und dann gab es ein Eis oder Zuckerwatte so (lachend) und dann ging es auf das Riesenrad. Wenn man dann ganz nahe an den Fahrkörben war und dieses Gefühl hatte, endlich in den Fahrkorb steigen zu können und nach oben gefahren zu werden und dann die Stadt überblicken zu können, das war wunderbar. Das war der Höhepunkt dieses Spreeparkbesuchs.

Julia, geb. 1982

Das Lieblingsfahrgeschäft: Ich sage jetzt mal, das war das Riesenrad. Ich kenne noch das alte Riesenrad und das neue Riesenrad. Das war schon –

die Fahrt mit dem Riesenrad – immer irgendwo der Höhepunkt von dem Tag. Für mich persönlich war es immer ein Nervenkitzel, weil ich ein bisschen unter Höhenangst gelitten habe, aber ich bin trotzdem Riesenrad gefahren. Und es war aufregend, dass bei so einer Riesenradfahrt auch das Riesenrad mal öfter oben anhielt und man einen tollen Ausblick hatte.

Lars, geb. 1967

Was den Spreepark jetzt auch noch so ausmacht. Das Riesenrad, das ist ein Kennzeichen davon. Ich weiß nicht warum, aber für mich ist das mit am bedeutendsten. Auch wenn man es ja auch auf anderen Festen oder so mal sieht.

Christin, geb. 1990

Dann hatten wir eine Bobbahn. Die war nur die ersten Jahre da. Die Bobbahn war ein Rundfahrgeschäft und die hatte eine schräge Ebene. Die war wie eine Alpenlandschaft, wie eine winterliche Alpenlandschaft bemalt. Da fuhren Wagen ringsum, die hatten die Form von einem Bob, so wie Bobschlitten hintereinander. Die fuhr ziemlich schnell in dieser schrägen Ebene. Da holte man sich immer blaue Flecken.

Monika, geb. 1952

Die Schwanenfahrt fand ich immer ganz toll, weil dann am Rand verschiedene Themen aufgebaut waren. Ich habe sie mir ja vorhin noch mal angeguckt. Wie diese Musiker, ach die fand ich so schrecklich, diese vier Musiker, die haben immer dasselbe gedudelt. Die fand ich so furchtbar! [...] Man konnte die Arme ins Wasser halten, und wenn man ganz geschickt war sogar noch die Füße. Also das war immer ganz toll! [...] Und man musste aufpassen, dass man nicht da rein fällt.

Kati, geb. 1984

Das war so urig, in so einer Tasse zu sitzen. So blöd, vom Kopf her eigentlich. Aber es hat einfach Spaß gemacht. Und sie drehte sich, aber sie drehte sich nicht so schnell. War gemütlich. Man konnte so schön albern sein. Man sitzt in der Kaffeetasse und dreht sich im Kreis. War so herrlich albern. Man konnte wieder Kind sein.

Barbara, geb. 1960

Das allererste Fahrgeschäft. Das war das Tassenfahrgeschäft. Da sind wir immer als erstes drauf gegangen. Weil die extrem lustig waren. Mit der ganzen Familie drauf und uns gedreht ohne Ende.

Das hat einfach Spaß gemacht. Woran ich mich noch erinnern kann ist, dass ich mir mit meinen drei Jahren schon fast in die Hose gemacht habe, immer wenn wir in den Spreepark gegangen sind. Da sind immer solche Maskottchen herumgelaufen und ich hatte immer Angst vor denen. Entweder habe ich geheult oder bin ganz schnell vorbei gerannt, weil ich immer so eine Angst hatte.

Norman, geb. 1991

Das Tassenkarussell ist eine Erinnerung, die mich von Anfang an bis zum Ende des Spielparks begleitet hat. Das war mein Lieblingsfahrgeschäft und das war für mich eine besonders schöne Erfahrung. [...] Also, diese Bewegung der Tassen, dass sich einerseits die Plattform gedreht hat und dass die Tassen sich untereinander noch einmal gedreht haben. Das war eine ganz neue Sinneserfahrung für mich und ich fand die Idee lustig, in Tassen zu sitzen. Das hat mich an Alice im Wunderland erinnert.

Julia, geb. 1982

Bei den Schwänen, obwohl die ja an einer Kette geführt wurden, hat man immer das Gefühl gehabt, man kann doch an den vorderen Schwan rankommen. Es war einfach nur romantisch. Ich bin da mit meinem Mann rein. Das Kind war bei anderen mit dabei, und mein Mann hat mich so richtig eingeärmelt. Es war alles so ruhig und so romantisch. So mit Küsschen hier und so. Das war wie die Geisterbahn, nur im Hellen und noch viel romantischer. Man konnte in so einem Schwan wunderbar knutschen, weil man die Leute ja nur vor sich hatte. Wenn die sich umgedreht haben, hat man nicht viel gesehen. Oder man hatte sie hinter sich, und da war es wurscht, ob die einen beobachtet haben. Das weiß ich auch von meinem Kind, dass der da auch drin geknutscht hat.

Barbara, geb. 1960

In den Schwänen. Und dann standen da ja diese Musiker, die immer dieselbe Melodie gespielt haben. Also wir sind ja mehrere Runden gefahren. (Lacht) Und die Musiker aus Holz oder aus Plastik, die Figuren, haben ja immer wieder die gleiche Melodie gespielt. [...] Das war so herrlich! Man kennt ja so Ruderboote und ähnliches. Da hatte man aber so ein Fahrgeschäft, so ein richtiges Tier, so einen Schwan mit dem langen Hals, das war einfach mal cool an sich. Das war zwar nicht schnell oder so, es war eher entspannend. Man ist da so durch die Gegend gefahren und überall standen coole Figuren oder coole Sachen halt. Die haben das schön dekoriert. Da ging es nicht ums Fahrgeschäft, sondern da ging es einfach so ums Ambiente, was wir so gesehen hatten, das Drumherum.

Johannes, geb. 1990

Das Kosmodrom ist ein Rundfahrgeschäft. Das ist ein offenes Geschäft ohne Dach und hat in der Mitte einen Mittelbau. Und an dem Mittelbau hängen zwölf, 14, 16 Arme. Und an jedem Arm hängt eine offene Gondel für zwei Personen. Wenn die Fahrt beginnt, dreht es sich erst auf ebener Erde. Und dann werden die Arme dann während der Fahrt mit Druckluft nach oben gedrückt, und man fährt dann oben herum.

Monika, geb. 1952

Es gab ganz gewöhnliche Losbuden, eben mit Lose ziehen und aufrollen. Allerdings ohne Punkte zu sammeln, sondern das Symbol der Stadt, zum Beispiel Karl-Marx Stadt, das war dann ein rosa Teddybär. Oder irgendeine andere Stadt, irgendein Dorf vielleicht, war dann nur ein Bleistift oder ein Buntstift. Das hat auch immer Spaß gemacht. War natürlich nicht so spannend, musste aber sein, weil es einfach dazu gehörte. Zu DDR-Zeiten zum Beispiel, durfte man die Lose auch nicht einfach so fallen lassen: „Niete! Äh!" Durfte man nicht. Man musste die in den Papierkorb bringen. Da wurde drauf geachtet. Da kam sonst gleich ein Parkwächter: „Das gehört jetzt aber da rein!"

Barbara, geb. 1960

Bis 1970, 1975 war das, da ging es den Schaustellern allen, bis auf vielleicht einer Handvoll, nicht so richtig gut. Die haben mehr so von der Hand in den Mund gelebt. Und ab Mitte 1970 oder Anfang 1970 ging es langsam aufwärts. Es ging mit der Wirtschaft ein bisschen aufwärts und wir hatten gedacht, das läge an dem Regierungswechsel. Also Regierungswechsel war es ja nicht, aber als der Ulbricht weg war und der Honecker an die Spitze kam, das war wie so ein frischer Wind in der Politik. Da ging es allgemein ein bisschen aufwärts. Da ging es auch den Schaustellern besser. Und die Schausteller, gerade die Schausteller, die eine Verlosung hatten oder eine Schießbude und Ballwerfen, also die, die mit Ware zu tun hatten, denen ging es im Prinzip aus der Mangelwirtschaft heraus gut. Wir haben alles ausgeschossen. Wir haben vom Berliner Bier ausgeschossen über saure Gurken, eben alles, was es nicht immer

gab. Dann gab es eben auch Spielzeug und Wein, aber auch nur so billigen Wein, Mehrfruchtwein, wenn man da drei Gläser getrunken hatte, hatte man einen quadratischen Kopf. Und viele Gläser. In der Zeit waren Biergläser sehr modern. Ich glaube, das gab es auch in Westdeutschland, dass Biergläser mit eingebrannten Bierfirmen sehr populär waren. Oder mit Fußballemblem. Mein Vater ist mindestens einmal im Monat durch die DDR gereist und hat Ware zusammengeholt und das war wie überall in so einer Schattenwirtschaft. Also er hat von Berlin seine Gurken und Tomaten und Blumenkohl geholt und Bier. Das, was es hier eher gab als in der restlichen Republik, hat er von hier mitgenommen. Und hat dann das mehr oder weniger eingetauscht. [...] Wir hatten Tiere, glaube ich zum Umschießen. So etwas. Und was haben wir denn noch ausgeschossen? Plüschtiere, Plüschsachen, Puppen und Autos und alles, was es eben nicht gab.

Foto 33 von Torsten Lehmann: DDR-Schießstand

Dann gab es aus Papier Scheiben mit dummen Sprüchen, also wir hatten unter anderem ungefähr eine zehn Zentimeter Pappscheibe, da stand auf der einen Seite drauf: „Anti-Babypille mit 100-prozentiger Wirksamkeit" oder „Erste Anti-Babypille mit 100-prozentiger Wirksamkeit, Anwendung auf der Rückseite". Und wenn man sie umgedreht hat, stand: Man muss diese Anti-Babypille als Frau fest zwischen seine Beine drücken. Und das war eben die 100-prozentige Anti-Babypille. Solche Scherzartikel, die man heute eben auf solchen gelben Schildern zu kaufen bekommt, wo das drauf steht. Bei Nanu Nana oder so. So etwas haben wir ausgeschossen. Aufkleber mit Fußballemblem und „Baby an Bord".[...] . Alles, das es nicht zu kaufen gab, hatten die Losbuden. Also das gab es zwar schon zu kaufen, aber entweder unterm Ladentisch oder das gab es rationiert und man musste in eine große Stadt fahren, um das zu kriegen oder man musste einen Bekannten haben, der auch wieder jemanden kennt, dass man das dann unter der Hand bekam. Und die Schausteller waren alle sehr rührige Leute, die die Losbuden und Warengeschäfte hatten, die haben sich die Sachen besorgt. Und der hat das dann in seiner Losbude gehabt. Oder es wurden Zigaretten ausgelost. Ich weiß, meine Schwiegereltern, die hatten ja auch so etwas Ähnliches wie eine Losbude, diese einarmigen Banditen, die dann Wertmarken ausspielen, und die konnte man dann gegen Ware eintauschen. Da wurde vom Eierlöffel bis zur Flasche Sekt alles ausgespielt. Plastikgeschirr, Geschirr, Kompottschüsseln, also alles, was Sie sich denken können an Krimskrams, wenn sie in einen Haushaltswarenladen gehen. Alles, was dort steht. So etwas haben wir ausgespielt und ausgeschossen.

Monika, geb. 1952

Wenn ich mich noch richtig daran erinnere, war das mehr oder weniger wie so eine ganz kleine Bude, würde ich jetzt mal sagen, wo der drinnen saß. Es gab so einen Behälter, wo man die Lose raus genommen hat. Wie das aber mit den Preisen war, wo die dann waren, da kann ich mich nicht mehr daran erinnern. [...] Was es damals auch gab, was es wohl heute ja mitunter auch gibt, sind diese Trostpreise, wenn ich diese Stoff-/ oder künstlichen Blumen kriege. Daran kann ich mich noch erinnern. Da gab es mal eine Losbude, ich weiß jetzt aber nicht, ob das im Kulti oder ob das auf irgend so einem der wenigen Straßenfeste oder dieser Volksfeste war, da habe ich das mal gekriegt, das weiß ich noch.

Gisela, geb. 1962

Da war so ein Schießstand, da lagen Gewehre herum, und da hat man dann geschossen. Was war denn das? War das Luftdruck, das weiß ich gar nicht, also es waren auf alle Fälle Luftdruckgewehre. Da kam irgendwas vorne raus. Wenn man halt so einen Westerntypen getroffen hat, entweder hat er sich dann umgedreht und hat gespuckt. Oder er hat eine Kiste aufgemacht. Da kam dann

ganz viel Wasser raus. Das hat natürlich alles mein Vater gemacht. Da war ich noch zu klein dafür. Aber das fand ich einfach genial.

Norman, geb. 1991

Man ging von einer Attraktion zur nächsten und ich glaube, ich bin auch einmal Riesenrad gefahren, aber das war natürlich langweilig. Man fährt so langsam hoch und dann wieder runter, es passiert ja nichts. Wie gesagt, wir hatten auch unsere Lieblingsfahrgeschäfte, und die haben wir abgeklappert mehrere Stunden lang. Zwischendurch gab es dann mal Luftgewehrschießen oder so einen Quatsch. Bis wir die ganze Jacke voller Rosen hatten, also diese Papierrosen (Lachen), die wir verschenkt oder weggeschmissen haben. Ich weiß es nicht mehr genau. Das war schon sehr entspannend. Es war auch anders als heute, also finde ich, es war irgendwie alles privater, persönlicher und kleiner. Es gab nicht so riesige Attraktionen, wie es sie heute gibt. Heute ist es ja nur höher, schneller, weiter. Früher war alles sehr übersichtlich, überschaubar und harmlos. Ich kann mich noch genau erinnern an diese Bob-Bahn. Ich weiß gar nicht ob die Bob-Bahn geheißen hat oder Wilde Maus. Aber ich glaube, die hieß Bob-Bahn. Das hatte mir ein Freund empfohlen, ich hatte mich vorher gar nicht getraut zu fahren und der meinte: „Ja, das musst du unbedingt fahren! Das ist das Härteste, was es gibt!" Und ich dachte, wenn der das kann, dann kann ich das auch. (Lachen) Dann sind wir mit der großen Bob-Bahn gefahren. Die, in der man wirklich ordentlich durchgeschüttelt wurde. Aber das war auch von der Technik gar nicht so durchgestylt, wie es heute ist. Also im Nachhinein frage ich mich auch, warum es da nicht in regelmäßigen Abständen Unfälle gegeben hat. Aber es gab ja keine, keine Ahnung warum. Es gab ja in der DDR auch keinen TÜV oder so.

Martin, geb. 1969

ATTRAKTIONEN

„Spreeblitz"

Daten:
Baujahr: 1987
Geschichte: 1987 bis 1991 „Mirapolis" (Frankreich) unter dem Namen „Le Dragon des Sortilèges"
Hersteller: Mack
Chaisen: 1 Lok und 9 Waggons
Transportkapazität: 38 Personen / 1.800 Personen/h
Geschwindigkeit: 45 km/h

Von 1987 bis 1991 stand die Familienachterbahn unter dem Namen „Le Dragon des Sortilèges" im in Konkurs gegangenen französischen Freizeitpark „Mirapolis". 1992 kaufte die Spreepark GmbH die Achterbahn zusammen mit vielen weiteren Fahrge-schäften aus der Insolvenzmasse ein und begann sofort mit dem Aufbau. Eine Fahrt mit der gelb-blauen Achterbahn bestand aus zwei Runden. Das Highlight der Fahrt war das Einfahren in das große, bunte Drachenmaul, dem Eingang des Tunnels.

Foto 34 von Christopher Flade: Zug der Achterbahn „Spreeblitz" im Bahnhof (2008)

49

Foto 35 von Christopher Flade: Zug der Achterbahn „Spreeblitz"

SACHA SZABO

Rollendistanz auf dem „absinkenden Kulturgut"

Wir machen einen kleinen Exkurs zu schienengelenkten Fahrgeschäften. Warum gerade dieses hier? Ich bin ehrlich: weil ich es hässlich finde. Es passt auch für mein ästhetisches Empfinden nicht wirklich in den Park. Aber man darf als Wissenschaftler ja keine Normativurteile fällen. Dieses Fahrgeschäft heißt Chapeau Claque und stammt aus dem Konkursnachlass des französischen Parks „Mirapolis" und mit diesem Hintergrund sieht man auch ein bisschen den französischen Einschlag dieser Attraktion. Was diese Bahn auszeichnet ist, dass sie die Illusion vermittelt, dass man steuern könnte. Wir haben hier ein sehr aussagekräftiges Bild: Es sitzt ein kleines Kind in einem dieser Wagen.

Foto 36 von Christopher Flade: Kind als Fahrgast in einem Hütchen-Auto (ca. 1998)

Was wir nun nahe liegend sagen können: Es ist eigentlich eine Bahn oder Fahrgeschäft, das sich an Kinder richtet. Ich kann Ihnen an diesem Fahrgeschäft etwas aufzeigen, das Sie vielleicht im Hinterkopf behalten, wenn Sie auf den nächsten Weihnachtsmarkt gehen und dort ein Pferdekarussell sehen. An diesen Geschäften kann man den soziologischen Begriff der Rollendistanz, der von Erwing Goffman entwickelt wurde, demonstrieren. Dass nämlich jedes Fahrgeschäft auf eine bestimmte Altersgruppe hin angelegt ist. Dieses Fahrgeschäft zum Beispiel ist angelegt für Kinder von drei bis sechs Jahren. Wenn man ein Kind unter drei Jahren hier reinsetzen würde, hätte es möglicherweise Angst. Es würde anfangen zu weinen, würde sich unbehaglich fühlen, würde nach seinen Eltern rufen. Ein Kind über sechs Jahre wäre davon unterfordert und würde anfangen, da drin herum zu randalieren, überall drauf herum zu hauen, würde hupen oder würde versuchen, dieses Ding zu entgleisen.

Genau den gleichen Mechanismus können Sie bei Bodenkarussells entdecken. Ich habe mich zu Beginn meiner Forschung immer gefragt, warum manche kleine Kinder auf Kinderkarussells sitzen und so unglaublich unglücklich aussehen. Die werden da drauf gesetzt, heulen und schreien, außen herum stehen dann die Eltern und sagen „Wink mal, wink mal". Sie heulen, weil sie überfordert sind. Entspricht aber das Fahrgeschäft den körperlichen Anforderungen, tauchen die Kinder in eine Fantasiewelt ein. Am Beispiel des Chapeau Claques imaginieren sie sich dann ganz in den Fahrer, haben auch das Gefühl zu steuern. Sobald sie aber realisieren, dass es Trug ist, revoltieren sie dagegen und versuchen letztlich, aus dieser Rolle des unmündigen Kindes auszubrechen. Dann gibt es natürlich noch weitere Rollen, die dazugehören. Wichtig sind beispielsweise die Erwachsenen, die sich als Eltern inszenieren und demonstrativ auf das Kind aufpassen.

Man kann aber bei diesen schienengelenkten Fahrgeschäften noch etwas Weiteres aufzeigen. Idealtypisch war hier die Altberliner Oldtimerfahrt, die wir leider nicht mehr sehen, weil die Chaisen zerstört und dann sichergestellt wurden. Die Aneignung von vormals exklusiven Gütern. Wenn wir an die frühen Karussellaufbauten in Form von Autos denken, konnten sich jetzt die Besucher, die kein Auto hatten, in solch ein Auto setzen und sich als Besitzender phantasieren.

Damit kommen wir zum volkskundlichen Begriff des „absinkenden Kulturguts". Es gibt exklusive Güter; Pferde zum Beispiel, die bestimmten Schichten vorbehalten waren, etwa dem Adel. Das einfache Volk konnte sich Pferde in der Regel nicht leisten und konnte jetzt auf der Kirmes diesem adeligen, diesem exklusiven Genuss des Ausritts zu Pferde auf dem Karussell nachspüren.

Foto 37 von Christopher Flade: Altes Schild

ERZÄHLTE GESCHICHTE(N)

Wendezeit im Freizeitpark

Also so kurz nach der Wende hatte man den Eindruck, das sei gestern. Da war überhaupt nichts. Und was wir dann später so schade fanden, es kam immer mehr Kommerz dazu, es war einfach nicht mehr der Freizeitspaß. Mama, Papa, Kind haben mal einen tollen Tag, sondern es war überall immer mehr Kommerz, Kommerz, Kommerz. Das Merchandising kam dann ganz groß und dieses Fotografieren, das gab es ja auch schon zu Ostzeiten, aber es wurde dann aggressiver mit diesem Spreepark-Männchen. Das Personal wurde unfreundlicher. Das ist uns ganz groß aufgefallen. Weil es halt ein Job war, den die gemacht haben.

Barbara, geb. 1960

Das erste Mal, als ich da war, gab es ja zum Beispiel die große Wildwasserbahn noch nicht. Da war der Park mehr freie Fläche oder ebene Fläche, als es jetzt mittlerweile ist, mit den ganzen bebauten Sachen. Dann gab es ganz zum Anfang die Monte Carlo Bahn zum Beispiel noch gar nicht. Die Schiffsschaukel, die stand ja mal ganz hinten an der Hütchenbahn beim Spielplatz.

René, geb. 1978

Also ich kann mich eigentlich noch dran erinnern, dass das Kino – also es steht ja jetzt hinter dem Westerndorf –mal ganz rechts stand. Also im Park, da, wo die Versorgungsgebäude waren, dort stand mal das Kino zum Beispiel. Dann dass um dieses Riesenrad drum herum diese Piratenshow da aufgebaut wurde. Bin ich leider nie dazu gekommen, mir das anzusehen. Und auch dieser Piccadilly-Circus, das, was alles so nach und nach kam. Dass das Ufo seinen Platz wechselte. Ja, das waren so die Sachen, die man so nach und nach bemerkte. Man ist jetzt nicht wirklich jedes Jahr hingegangen, aber das fiel auf und es stand natürlich dran: neue Attraktion. Dann musste man sich das natürlich auch gleich ansehen. Der Spreeblitz zum Beispiel war eine ganz tolle Sache, fand ich, als Familienachterbahn. Fand ich ganz klasse.

Max, geb. 1977

Der primitivste und einfachste Unterschied zwischen Freizeitpark und Rummel, den eigentlich jeder wissen sollte, ist definitiv der, dass ein Freizeitpark als solches einen pauschalen Eintrittspreis nimmt und seine Fahrgeschäfte thematisiert anbietet, während man bei der Kirmes regelrecht arm gemacht wird, weil man im Prinzip für alles bezahlen muss. Und vor allen Dingen, sagen wir mal so, mit Kirmes läuft viel mit Kinderwagen, mit Stress, mit überall laufenden Leuten, ist also sehr kompakt das Ganze. Das Wegenetz in einem Freizeitpark ist auf größere Menschenmassen ausgelegt und es kommt da nicht zu irgendwelchen Aufläufen oder Verknäulungen. Natürlich gibt es die ein oder andere Wartestraße, aber ich meine, es ist ein logischerer Grundgedanke dahinter. Eine Kirmes wird immer auf möglichst viele Fahrgeschäfte auf engem Raum geplant, damit jeder Schausteller ordentlich was vom Kuchen abkriegt und im Endeffekt so viel Schausteller auf die Fläche kommen, dass es sich für den Anbieter der Fläche auch lohnt. Da ist der so genannte Zugzwang ein anderer. Die Leute müssen ihre Fahrgeschäfte vollkriegen, aber in einem Freizeitpark ist es so, wenn Du einen regulären Durchlauf von so und so viel Personen hast und eine statische Installation ist, ist die Sache viel entspannter, als wenn die Leute einmal im Jahr hier in Berlin zum Freizeitpark in die Banane fahren. Hier vorne hinter dem Einkaufszentrum Alex, da ist dann immer der große Weihnachtsmarkt mit den Fahrgeschäften.

Uwe, geb. 1974

Ich kann mich daran erinnern, dass man früher Eintritt zahlen musste. Ob es jetzt direkt im Kulturpark war, zu DDR-Zeiten oder dann kurz nach der Wende, weiß ich nicht mehr. Ich weiß, dass man Eintritt zahlen musste; Nein, Quatsch, Eintritt zahlen? Eintritt zahlen kam im Spreepark dann später. 15 Mark oder 30 Mark, das weiß ich jetzt nicht mehr. Und man konnte dann so oft fahren, wie man wollte. Im Kulturpark oder kurz nach der Wende musste man gar keinen Eintritt zahlen, aber für die Fahrgeschäfte extra zahlen, und das fand ich ganz schön teuer! Im Spreepark musste man einmal Eintritt zahlen und konnte dann so oft fahren, wie man wollte. Das weiß ich jetzt noch.

Katrin, geb. 1979

Ich kann Ihnen sagen worin der Unterschied bestanden hat zum Westen, also zum Spreepark. Dass war definitiv, dass das Gelände nicht so überladen war mit verschiedenen Attraktionen. Es gab so ein paar prominente Attraktionen und die hat man eben genutzt. Aber es war jetzt nicht so ein überbordendes Angebot, wie das dann zu Spreeparkzeiten erschien. Es gab im Wesentlichen das Riesenrad und halt so ein paar andere Sachen. Ich glaube, den Spreeblitz gab es ja auch noch nicht und diese Loopingbahn gab es noch nicht. Ich empfinde den Kontrast im Angebot in erster Linie zwischen Spreepark und Kulturpark. Es gab ein größeres gastronomisches Angebot. Früher, daran kann ich mich erinnern, gab es halt so ein paar Bockwurststände, aber jetzt nicht so eine große Vielfalt, wie man dann später gesehen hat, dass es dann da so mehrere Pavillons gab, die ja heutzutage auch zum Teil wieder belebt werden und diese Westernstadt. Daran kann ich mich ja auch nicht erinnern. Ich glaube, die wurde ja auch erst später gebaut mit ihren ganzen Angeboten. Es war halt eingeschränkter und das ist das Einzige, was mir dazu eigentlich einfällt [...] Also ich muss Ihnen auch sagen, es ist natürlich bunter und eher publikumsorientierter vielleicht. Im Spreepark gab es dann auf einmal dieses Maskottchen. An das kann ich mich auch zu DDR-Zeiten nicht erinnern. Und wenn es das gab, dann war das nicht prominent aufgebaut für uns Kinder. Aber später war das dann so, die Atmosphäre hat sich dadurch verändert, dass man gemerkt hat, dass im Spreepark auch um die Kunden gebuhlt wurde, so ein bisschen. Also, wenn man rein kam, dann gab es eben für die Kinder gleich dieses Maskottchen. Meine wichtigste Erinnerung diesbezüglich ist eine Eule gewesen, die sich sofort auf einen gestürzt hat, um Fotos zu machen. Das war etwas Neues. Es hatte so schon sehr diesen Eventcharakter, den man so ein bisschen von Disneyland

kennt. Und auch das Angebot hat sich insofern verbreitert, dass man Memorabilien mitnehmen konnte, eben diese Fotos, die gemacht wurden in dieser Loopingbahn oder der Wildwasserbahn, die man dort dann kaufen und mit nach Hause nehmen konnte. Ich habe den Eindruck gehabt, dass es dann zu Westzeiten eben eher so eine Marke werden sollte, der Spreepark, die sich etabliert hat, während dessen der Kulturpark eben so einfach ein schönes Freizeitangebot war. Wie soll ich sagen, der Kulturpark war etwas Besonderes in Berlin und der war eben schon deshalb eine Attraktion. Er war eine Attraktion per se und im Spreepark hatte ich immer das Gefühl, dass da auch stark drum geworben wird, dass halt noch mehr Besucher kommen.

Julia, geb. 1982

Nach der Wende waren wir dann mit den Kindern drei Mal im Park. [...] Erst mal war diese Betonplatte weg und es gab schon Grünes. Das war ansprechender. Dann erst mal dieser Gesamteintritt, sodass man dann nicht mehr extra an den Fahrgeschäften bezahlen musste, außer bei den Pferden, weil meine Tochter unbedingt Pferd reiten wollte. Da musste man dann noch mal extra bezahlen. Daran kann ich mich erinnern. Und da hat sie gegrinst, stolz wie Bolle saß sie auf dem Pferd.

Kathrin geb. 1965

Ach, geb. 1996 ist das hier, 20. April 1996, da steht ja das große Riesenrad, aber da ist ja noch alles kahl drum herum. Jetzt ist das ja schon fast Urwald um das große Riesenrad drum herum. Und die ganzen Kinderkarussells, die sind schon mit Autos und auch wieder mit Feuerwehr, Traktor und Eisenbahn drauf und was die nicht hatten. Dann kann man hier, den Fliegenden Teppich, den berühmt-berüchtigten. 1991 war da noch eine Schiffsschaukel. Das sieht man hier, auf alle Fälle ein großer Arm. Das könnte auch schon der Teppich sein, ich weiß gar nicht, ob der 1991 schon war. Den Teppich kennt man auf alle Fälle noch, das ist klar. Und die Stelle, wo mal ein UFO stand, den Zeitpunkt sieht die noch leer aus auf dem Foto. Aber da fährt eine Parkeisenbahn, also so eine kleine, wie so ein Intercity. Das Dach war oben aufgeschnitten und da sitzen die Kinder drinnen und fahren im Kreis um die Fläche, wo mal das UFO gestanden hat.

Torsten, geb. 1968

Foto 38 von Kathrin Gottschalk: Achterbahn „Spreeblitz" vor „Fliegendem Teppich"

SACHA SZABO

Die Sehenswürdigkeit „Riesenrad"

Riesenräder sind als Attraktion wesentlich komplexer zu deuten als beispielsweise Achterbahnen oder Wasserrutschen, weil sie keine Mutprobe darstellen. Kurz zur Geschichte: Oft wird davon ausgegangen, dass die Vorläufer des Riesenrades die russischen Schaukeln sind. Diese russischen Schaukeln waren aus Holz gebaut und nur im Maximalfall zwölf Meter hoch. Der Begriff der russischen Schaukel kommt daher, dass man in den einzelnen Kabinen saß und hin und her schaukeln konnte. Jetzt sprachen wir ja schon von dem Uterus und der Mutterbrust. Auch der Begriff des Schaukelns ist eine pränatale Erfahrung. Es erinnert nämlich in ganz tiefen Schichten unserer Erinnerung an das Wiegen im Mutterbauch.

Die Riesenräder unterscheiden sich von den russischen Schaukeln erst einmal dadurch, dass sie wesentlich größer sind und aus Stahl gebaut wurden. Tatsächlich ist es so, dass das erste Riesenrad nicht als Volksbelustigung, nicht für den Kirmesplatz gedacht war, sondern ein Konkurrenzprodukt zum Eiffelturm darstellte. George Ferris konstruierte eine überdimensionierte Russische Schaukel. Im Übrigen kommt daher auch der angelsächsische Begriff für das Riesenrad: Ferris-Wheel. Diese Attraktion zeichnete sich dadurch aus, dass die physikalischen Kräfte offenbart werden. Man hätte sie auch mit einem Tuch verkleiden können. Man wollte jedoch das Konstruktionsprinzip offen halten. Es ist also vorrangig eine Ingenieurleistung, die wir hier bewundern.

Dieses Riesenrad, obwohl es unglaublich beliebt war, wurde direkt nach der Weltausstellung abgerissen und verschrottet. Gleichzeitig, weil es so beliebt war, ist in Europa ein richtiger Riesenradboom ausgebrochen. Ein Jahr später wurde in London ein Riesenrad gebaut. Das Jahr darauf wurde eines in Wien errichtet, es ist das letzte aus dieser Zeit, das wir heute noch sehen können, das Riesenrad im Prater. Im gleichen Jahr hat Berlin nachgezogen, auch hier entstand ein Riesenrad und 1898 das „Grand Roue" in Paris, das für die Weltausstellung 1900 geplant wurde.

Wenn wir vor diesem Riesenrad stehen und wir konnten es ja schon aus großer Entfernung sehen, kann man schlicht konstatieren, dass es eine Sehenswürdigkeit ist. Es ist auch bewusst als Sehenswürdigkeit intendiert, da es oft an prominenten Plätzen steht. Das Riesenrad ist aber auch eine Sehenswürdigkeit im doppelten Sinne. Es ist nämlich eine Sehenswürdigkeit, die gesehen wird und, das ist vielleicht sogar noch das Wichtigere für den Besucher, es ist eine Sehenswürdigkeit von der hinab gesehen werden kann. Für uns heutzutage ist der Blick von oben hinab sozusagen normal. Wir sind mit Google-Earth, Google-Maps vertraut, wir sind verschiedene isometrische Perspektiven gewohnt. Dieser Blick von oben herunter ist aber historisch relativ neu. Erst 1326 ist mit Petrarca der erste Mensch überhaupt auf einen Berg gestiegen, um hinunterzusehen und dieses überwältigende wortlose Gefühl, das er dabei empfand, war für ihn die Empfindung der Allmächtigkeit Gottes.

Foto 39 Postkarte, o.V., 1931, Archiv Sacha Szabo

Aber es gibt noch eine weitere Erlebnisdimension. Für jeden ist es evident, warum eine Burg auf einem Berg steht. Es scheint offensichtlich, dass sie von oben leicht zu verteidigen ist. Aber es gibt noch einen weiteren Grund. Derjenige, der oben sitzt, kann mittels des Blicks seine Macht über die umliegenden Gebiete ausüben. Er kann sie kontrollieren. Deshalb spricht man auch von politischer Weitsicht. Es ist ein faktisches, strategisches Mittel, Herrschaft zu zementieren. Und dieser adlige privilegierte Blick kann nun im Riesenrad für die einfachen Bevölkerungsschichten reproduziert werden, indem sie jetzt dieses Riesenrad besteigen und dort sozusagen aus der Sicht von oben auf die Welt hinab blicken. Wir sehen also, dass ein Riesenrad eine durchaus komplexe Sehenswürdigkeit ist.

ERZÄHLTE GESCHICHTE(N)

Erlebnisse im Spreepark

Foto 40 von Kathrin Gottschalk: Aussicht von der Zuschauertribüne des Amphitheaters in Richtung Zirkuszelt. Mit im Bild: Riesenrad und große Kanalfahrt „Canale Grande" mit den roten Booten

Dann kam die Wende, und mein Kind war vier. Mein Mann hatte Schichtarbeit. Was machst du jetzt mit dem Kind? Er muss leise sein. Das sagen Sie mal einem Fünfjährigen, einem Vier-, Fünf-jährigen, der soll leise sein. Also sind wir immer raus gefahren zum Museum, Park und so weiter. Unter anderem hatte der Spreepark wieder aufge-macht! Jetzt kostete es einmalig einen Eintritt und man konnte drinnen alle Fahrgeschäfte benutzen. Also war man mit dem Sohnemann und Freunden und Anhang im Spreepark.

Da haben wir Tage verbracht. Mit der Bimmel-bahn fahren, Kasperletheater gucken oder Süßig-keiten essen.

Barbara, geb. 1960

Ich weiß leider nur von Erzählungen her, dass ich im Kulturpark selbst schon mal war, allerdings vom Zeitraum her definitiv zu jung. Denn soweit ich weiß, heißt der seit 1992 oder so erst Spree-park. Und etwa auch in diesem Zeitraum fängt meine Erinnerung an. Aber die aktuellen Erinne-rungen, die fallen eigentlich, wenn ich so darüber nachdenke, in den Spreepark rein. Viele Leute würden jetzt wahrscheinlich sagen, es waren Fahrgeschäfte hier und da.

Bei mir ist es, ehrlich gesagt, ein bisschen anders. Und zwar kann ich mich dran erinnern, dass mei-ne Eltern oft Beschäftigungen mehr oder weniger mit mir gesucht haben, die draußen sind. Mein Vater hatte dann noch zu der Zeit auch häufiger Nachtschichten. Dann sind wir in den Plänterwald gefahren und sind dann durch den Wald spaziert. Wo ich mir dann dachte: „Na, das ist ja eine echt tolle Überraschung!" Wo sich dann aber letztlich rausstellte, dass wir in den Spreepark gegangen sind. Das hatte ich damals noch nicht so richtig verbunden, Waldspaziergang und Spreepark. Im Spreepark selbst muss ich sagen, fand ich persönlich als Kleinkind die Dinosaurier am interessantesten. Das lag aber wahrscheinlich auch daran, dass ich zu der Zeit wirklich der absolute Dinosaurierprofi war, was ich heutzutage schwer nachvollziehen kann, weil ich mich kaum noch an die Tiere erinnere, wie die auch heißen und was die alles so für Eigenschaften hatten.

Michael, geb. 1985

Ich weiß, als ich ungefähr so 6 oder 7 Jahre alt war, konnte ich mich schon an die Wasserbahn erinnern. Wir waren ja eigentlich jedes Wochenende da. Und da war ich circa 16-mal am Tag drauf. 12-mal. 15-mal, und es war eigentlich das Highlight vom Park, fand ich mit sechs Jahren. Ich durfte noch nichts anderes fahren mit dem Alter. Es wurde mir von meinen Eltern gesagt, ich sei noch zu klein für die anderen Sachen. Aber die kamen dann später. Da durfte ich doch etwas Größeres fahren, wie zum Beispiel den Mega-Loop.

Norman, geb. 1991

Wenn wir Wandertage hatten von der Schule aus, sind wir dort hingegangen. Da kann ich mich auch an eine Sache erinnern, dieses 360° Kino. Die Mitschüler standen dann zusammen, so 10 bis 15 Leute, in diesem Kino und sahen diesen Hubschrauberflug über den Grand Canyon oder so. Und auch Achterbahnfahrten. Ich fand das ganz toll, ich war so fasziniert, dass sich das, obwohl man ja da nur stand, immer so mitbewegte. Und einem Mitschüler, dem wurde da wirklich schlecht, der musste rausgehen. Obwohl man ja wirklich körperlich eigentlich nur an einem Punkt stand. Das fand ich dann schon total faszinierend, dass ihm nur vom Zusehen schlecht wurde.

Max, geb. 1977

Dann war da noch dieses kleine Männchen, das verkleidet war wie der Fernsehturm in Blau, der da generell vorne erst mal die kleinen Kinder begrüßt hat und das war eigentlich auch so der Moment, wo man sagte: „Ja, ich bin im Spreepark." Das war eigentlich so die Hauptfigur, wenn man an Personen oder Gestalten im Spreepark denkt. Als nächstes würde ich auch eigentlich schon fast an das erste Fahrgeschäft denken, das, wenn man reinkommt, gleich auf der rechten Seite war. Das waren diese großen, tanzenden Kaffee-

tassen. Und wenn man dann noch mal ein bisschen weiter ins Gelände rein kam, dann sind da auch die ersten Kinderattraktionen gewesen.

Michael, geb. 1985

Ich war dann 1998 noch mal im Park. Und habe ja dann teils den Umbau mitgekriegt, und eigentlich kann ich mich noch an alles erinnern. An die alte Wildwasserbahn, die ja nun eigentlich als Reisegeschäft da stand. Altberlin, die Oldtimerfahrt und was mir persönlich immer am besten gefallen hat, war die Bobbahn hinten, das war ja so mein kleines Highlight. Weil es eine Achterbahn ist, die einen anderen Stil hat, als das, was man heute kennt.

René, geb. 1978

Der Park war nicht thematisiert und nach wissenschaftlichen Formen aufgebaut, wie etwa die Konsumbereiche am Ende eines Fahrgeschäftes zu installieren oder so. Wie zum Beispiel, wenn man in der Geisterbahn ist und dann da hinten wieder raus läuft, dann ist man erst mal im Souvenirladen. Ich sage einfach mal, da war der Charme eines Freizeit-, Unterhaltungs- und Vergnügungspark noch erhalten. Ich fand, die anderen Parks, die hatten zwar die besseren Fahrgeschäfte, aber die waren so abgedroschen. Das waren einfach nur Gelddruckmaschinen. Vorne die Leute rein, möglichst dazu bewegen, viel Geld zu lassen und hinten wieder raus zu pumpen. Und das war bei diesem Park nicht der Fall.

Uwe, geb. 1974

Also ich kann mich noch daran erinnern, dass wir mit der Klasse, mit dem Bus nach Berlin gefahren sind. Und wir mussten ein ganzes Stück in den Wald laufen. War für uns Kinder kein Problem. Fanden wir gar nicht schlecht. So am Wasser vorbei. Dann war gleich vorne, wenn man rein gekommen ist, dieses Fahrgeschäft "Spider". Ich fand am besten von der ganzen Fahrt, wo ich erst vier Mal war, von diesen ganzen Fahrgeschäften den Spreeblitz.

Madlen, geb. 1989

Die Achterbahn am Anfang, also die Mega-Loop, da durfte ich am Anfang noch nicht mitfahren. Ist ja klar, war ja noch viel zu jung. Aber dann durfte ich dann doch endlich mal mitfahren. Aber dann erinnere ich mich irgendwie auch an ganz viele Sachen. Die daneben stand, der kleinere Express, mit dem durfte ich dann auch schon lange fahren. Der Fliegende Teppich war ja auch eines meiner

Lieblinge. Und der Spreeblitz (lacht), der war mit einem Löwenmaul versehen.

An das Riesenrad sowieso, das bleibt ja im Gedächtnis mit dem Ausblick über den ganzen Park. Auch wenn ich da ein bisschen mehr Angst hatte als Spaß. Und auch an so die kleineren Sachen, wie zum Beispiel, wo das Zirkuszelt stand. An die Schießbude, bei der dann die Figuren Wasser gespritzt haben, da haben wir dann auch unsere Eltern mit ausgetrickst, soweit ich mich erinnern kann. Weil wir das dann ja immer schon wussten, das mit dem Spritzen. Dann haben wir unsere Eltern gerufen und dann ging es los! Dann waren die Eltern überrascht, als sie dann auf einmal nass waren!

Christin, geb. 1990

Ich erinnere mich an das Gerät, bei dem man dann mit einem Joystick ein Kuscheltier rausholen muss. Also so etwas gab es ja alles im Osten auch nicht. Das kam dann alles erst im Westen, da haben sie das alles dann hingebaut oder hingestellt, besser gesagt.

Katrin, geb. 1979

Foto 41 von Kathrin Gottschalk: Der alte Brunnen aus dem VEB Kulturpark (DDR) wurde bei der Umgestaltung zum Freizeitpark Spreepark mit integriert.

Foto 42 von Kathrin Gottschalk: Die Seesturmbahn.

SACHA SZABO

Von der Kirmes zum Themenpark

Um zu zeigen, dass diese Attraktionen nicht zufällig an einem Ort, nämlich dem Freizeitpark versammelt sind, hilft uns ein Blick in die Genealogie der Vergnügungsorte.

Viele Begriffe für Vergnügungsorte benutzt man gemeinhin als Synonym, das sind unter anderem Volksfest, Jahrmarkt, Messe, Kirmes oder Rummel. Es ist aber so, dass diese Begriffe unterschiedliche historische Stationen bezeichnen. Dabei hilft es uns weiter, wenn wir immer nach dem ältesten Fest suchen. So ist das älteste Volksvergnügen in Deutschland das „Lullusfest" und wurde 852 gegründet. Das Lullusfest war ein Patronatsfest. Ein Patronatsfest oder ein Patrozinium ist ein kirchliches Fest zu Ehren des Kirchenheiligen. Jetzt erklärt sich auch, woher der Begriff der Kirmes kommt. Er kommt nämlich von dem Begriff der Kirchmesse. Daher auch der Begriff „Messe".

Der Jahrmarkt ist nun etwas ganz anderes. Der Jahrmarkt ist ein dezidiert ökonomisches Ereignis. Der erste Jahrmarkt wurde 1225 gegründet auf Anordnung eines Lehnsherrn. Dieser nahm einen bestimmten Namenstag oder einen bestimmten Feiertag, an dem der Markt ausgerichtet werden durfte zur Förderung der jeweiligen ökonomischen Stärke seiner Stadt.

Die dritte Station dieser Feste sind die so genannten Schützenfeste. Im Unterschied zu den rein kirchlichen und zu den ökonomischen Festen sind die Schützenfeste politische Feste. Man kann es sehr schön beim Hannoverschen Schützenfest zeigen, vielleicht dem größten deutschen Schützenfest. 1529 wurde dieses Schützenfest zum ersten Mal ausgerichtet. Das Schützenfest hat seinen Ursprung darin, dass die Städte wachsende Selbstständigkeit erlangen und ihre Verteidigung in die eigenen Hände nehmen und Bürgermilizen schulen.

Etwa 300 Jahre später entstehen die ersten Volksfeste. Volksfeste richten sich an größere soziale Einheiten, an ganze Gebiete, sie hatten auch immer die Funktion, das Volk an den Souverän zu binden. Das erste Volksfest, das es in Deutschland gab, und das kennen Sie alle, ist das Oktoberfest. Es wurde 1810 gegründet aufgrund von Hochzeitsfeierlichkeiten zwischen dem Kronprinz Ludwig und Therese von Sachsen-Hildburghausen. Der Name Therese ist deshalb spannend, weil das Oktoberfest seither auf der so genannten Theresienwiese stattfindet. Das zweite große Volksfest ist der Cannstatter Wasen.

Ab Mitte des 19. Jahrhunderts kommen wir zu den ideellen Vorläufern des Spreeparks. Es siedeln sich nämlich Seebäder auf Coney Island an, einer Insel, die New York vorgelagert ist. Dies ist insofern bedeutend, als dass es auch eine soziale Veränderung beinhaltet. Es ist nämlich entscheidend für das Entstehen dieser Seebäder, überhaupt der Freizeitparks, dass es Arbeiter gibt. Ohne Industrialisierung, ohne Arbeiter sind Freizeitparks gar nicht denkbar. Sie verlangen nämlich akkumulierbare Freizeit, das heißt man muss mehrere freie Tage am Stück haben, die man frei verbringen kann. Und dies war erst möglich mit dem Einsetzen von Arbeitsschutzbedingungen. Im Mittelalter hatte man viel mehr Feiertage als wir heutzutage. Aber die lagen natürlich über das ganze Jahr verstreut. Erst nachdem Menschen oder Arbeiter die Möglichkeit hatten, zwei bis drei Tage am Stück Urlaub zu machen, entstanden Volksbelustigungen. Damit sie entstehen konnten, war neben dieser sozialen Errungenschaft auch eine technische Errungenschaft wichtig, und zwar die Eisenbahn.

Sie werden in fast jedem Vergnügungspark eine Miniatureisenbahn sehen, die immer wieder diese Volksbelustigung der Anreise zitiert, also sozusagen für die einfachen Arbeiter, die zum Seebad fuhren, weil die Eisenbahn an sich schon eine Attraktion war, die Bewegung im Raum ein besonderes Erlebnis. Und genau dieses wird in dem Park in Miniatur reproduziert.

Foto 43 Postkarte, 1912, Hartwig und Vogels, Archiv Sacha Szabo

Es entstanden ab 1895 verschiedene Vergnügungsparks. Berlin war zu dieser Zeit einer der Vorreiter. Hier wurde 1880 der Vergnügungspark „Neue Welt" in Berlin-Hasenheide gegründet. Auf dieser Abbildung sieht man eine Gebirgsbahn. Eine Gebirgsbahn ist sozusagen, deshalb habe ich dieses Bild ausgewählt, eine Mischung aus einer Rutsche und der modernen Achterbahn.

1904 wurden in Berlin die Terrassen am Halensee gegründet. 1920 wurde es umbenannt in „Lunapark". Die Terrassen am Halensee waren damals eigentlich in Deutschland der größte Vergnügungspark. Auf den folgenden Bildern sieht man einmal eine Vorder- und eine Rückansicht.

Foto 44 Postkarte, 1910, Paul Kaufmann, Archiv Sacha Szabo

Foto 45 Postkarte, o. J., Photo-Werke Schöneberg, A. Klar, Archiv Sacha Szabo

65

Es gab in Berlin noch einen dritten Vergnügungspark, den Lunapark Schloss Schön-
holz, der eine relativ tragische Geschichte hatte. Er wurde nämlich 1940 durch die
Nazis in ein Arbeitslager umgewandelt, in das so genannte „Lunalager".

Foto 46 Postkarte, ca. 1925, o.V., Archiv Claudia Puttkammer

In der Tradition dieser Vergnügungsparks müssen wir auch den Plänterwald sehen.
Er unterscheidet sich zum Beispiel vom Europapark oder von Disneyland noch stär-
ker, indem er kein Theming hat. Theming bedeutet eine einheitliche Gestaltung, eine
durchgehende Narration. Bei Disneyland gibt es richtige Erzählstränge, Parkguides
führen den Besucher auf einer Tour durch eine kleine Erzählung. Dies fehlt dem
Spreepark, daher ist er ein Freizeitpark und kein Themenpark.

ATTRAKTIONEN

„Riesenrad"

Daten zum neuen Riesenrad
Baujahr: 1989
Hersteller: Vekoma
Höhe: 45 m
Durchmesser: 42,4 m
Gondeln: 40
Kapazität: 240 Personen

Schon zu DDR-Zeiten ist das 40 Meter hohe Riesenrad die Hauptattraktion im Plänterwald. Zu diesem Zeitpunkt hatte das Riesenrad 36 Gondeln, in denen insgesamt 216 Personen den Ausblick über Berlin genießen konnten. *Das damals größte Riesenrad der DDR wurde abends von 9.678 bunten Glühlampen und 516 Leuchtstoffröhren beleuchtet* Das 1989 zum 40-jährigen Jubiläum der DDR neu errichtete 45 Meter hohe Riesenrad ist bis heute im Spreepark zu sehen.

Foto 47 von Christopher Flade: Das neue VEKOMA-Riesenrad steht seit 1989 bis heute

67

Foto 48 von Christopher Flade: Das Verkehrschild verweist immer noch auf den verlassenen Park (2011).

CHRISTOPHER FLADE

Willkommen im Spreepark

Hallo und herzlich willkommen. Mein Name ist Christopher Flade, ich führe Sie hier durch den geschlossenen Berliner Freizeitpark, Spreepark Plänterwald. Wir befinden uns auf dem am 4. Oktober 1969 gegründeten VEB-Kulturpark. Zu DDR-Zeiten war dies hier der einzige ständige Rummelplatz in der DDR. Das besondere war unter anderem, dass es Fahrgeschäfte aus dem Westen waren. Man hatte vorne an den Kassen seinen kleinen Eintrittspreis und dann wurde an jedem Fahrgeschäft noch mal ein kleiner weiterer Preis entrichtet.

Foto 49 von Joachim Meier: Aussicht aus dem 40 Meter hohen DDR-Riesenrad auf den DDR-Rummel „Kulturpark"

Weil es der „Kulturpark" war, hat es nach der Wende der Kultursenat von Berlin geerbt. Es gab eine öffentliche Ausschreibung. Gesucht wurde damals ein Betreiber für einen „Freizeitpark, nach westlichem Vorbild". Man hat es gleich rein geschrieben, es sollte kein DDR-Rummelplatz mehr sein, es sollte ein großer, moderner Freizeitpark werden, wie man ihn aus dem Westen kannte. Es gibt zwei interessante Zahlen, die im Erbpachtvertrag festgehalten worden sind. Zum einen, dass das Grundstück eine Größe von 28,5 ha hat. Für Sie zum Vergleich: Das Phantasialand bei Köln ist genauso groß und hat jährlich 2,2/2,4 Millionen Besucher. Und die zweite interessante Zahl ist das jährliche Besucheraufkommen für bis zu 1,8 Millionen Besucher. Das war also der Auftrag, man sollte aus dem Rummelplatz einen großen, modernen Freizeitpark für jährlich 1,8 Millionen Besucher machen.

Es gab sieben Interessenten, unter anderem die Spreepark GmbH, diese hat 1992 recht kurzfristig den Zuschlag erhalten und dem Auftrag entsprechend investiert. In den ersten Jahren rund 40 Millionen D-Mark. Man schätzt, dass ungefähr ein Viertel davon alleine nur für Erdbauarbeiten ausgegeben wurde. Es wurden neue Wege angelegt, Seen, Inseln, Kanalfahrten. Es sollte kein Rummelplatz mehr sein.

Foto 50 Archiv Christopher Flade: Eintrittskarte Spreepark

Direkt hinter dem Eingang, in der Mitte dieses Baum-Rondels stand damals zu DDR-Zeiten - Sie erinnern sich vielleicht? - ein großes UFO. Das gehörte zur DDR-Reihe Futuro, diese waren Modelle für eine neue Art des Wohnens. Es gab mehrere UFOs. Das im Kulturpark war die Seriennummer 13, deswegen wurde es „Futuro 13" genannt. Zu DDR-Zeiten wurde es als Station des DJ in den Kulturpark gestellt. Von hier aus wurde der gesamte Park mit Musik beschallt. Zugleich war es auch die Elternausrufstelle. Das heißt, wenn die Kinder ihre Eltern verloren hatten, sind sie zum UFO gekommen und dann wurden die Eltern ausgerufen. Diesen Eltern-Ausruf-Service hatte man dann nach einigen Jahren verlegt, weil irgendwann alle Kinder einfach mit Absicht von den Eltern weggelaufen sind, um einmal in das UFO zu schauen. In den Sommerferien gab es vor dem UFO eine richtig lange Schlange von weggelaufenen Kindern.

Der Spreepark hat das UFO in den ersten Jahren auch noch an derselben Stelle als Kulisse stehen lassen. Außenrum fuhr eine kleine Kindereisenbahn. Als die Eisenbahn dann weggekommen ist, kam auch das UFO weg. An diese Stelle wurde ein großer Polyp namens „Spider" gestellt. Hierbei handelte es sich um eine große Spinne mit sechs Armen. An den Armen waren mehrere Gondeln befestigt. Zum einen dreht sich die ganze Spinne an sich, dann drehte sich noch mal jeder Arm und dann auch noch jede Gondel. Es gab insgesamt drei Drehungen.

Das UFO wurde dann nach der Schließung, in der Zeit, als das Gelände vom Insolvenzverwalter verwaltet wurde, von einer Künstlerin gekauft. Sie entdeckte das UFO durch den Zaun hinten auf dem Wirtschaftshof des Spreeparks und verliebte sich sofort in das Objekt. Sie hat es vom Insolvenzverwalter gekauft und mit großem Aufwand, mit einem großen Kran auf die andere Spreeseite setzen lassen.[6] Heute findet man das Unbekannte Flugobjekt direkt gegenüber vom Spreepark an der anderen Seite der Spree. Es dient der Künstlerin quasi als Gartenlaube.

Foto 51 von Christopher Flade: UFO „Futuro 13" aus dem Kulturpark steht heute auf der anderen Seite der Spree (Foto von 2008)

Kommen wir zum Riesenrad. Ich wurde eben schon danach gefragt. Es ist nicht dasselbe Riesenrad, wie das, das man aus dem bekannten DDR-Kinderfilm „Spuk unterm Riesenrad" kennt. In dem genannten Film gibt es eine schöne Luftaufnahme auf das Riesenrad. 1969 hat man den Kulturpark zum 20-jährigen DDR-Jubiläum als Geschenk ans Volk eröffnet. Damals hatte man an dieser Stelle ein 40 m hohes, weißes Riesenrad mit 36 runden Gondeln. Die Gondeln konnte man von innen selber andrehen. 1989 zum 40-jährigen DDR-Jubiläum wurde das Riesenrad durch ein größeres Rad ausgetauscht. Es soll, ich kann es Ihnen heute leider nicht hundertprozentig belegen, damals geheißen haben aus offiziellen Kreisen, das Riesenrad soll noch größer werden, damit man es aus dem Westen besser sehen kann. Wenn diese Übermittlung wirklich stimmt, dann ist die rote Farbe des Riesenrads wahrscheinlich auch kein Zufall. Dieses neue Riesenrad, das man 1989 aufgebaut hat, ist jetzt 45 m hoch, also fünf Meter höher, hat 40 Gondeln, es wiegt insgesamt 220 Tonnen. Viele denken, es sei verrostet, das ist es aber nicht. Dieses Rostrot ist wirklich die Farbe, die damals gewählt wurde. Auf der anderen Spreeseite gegenüber ist diese Fabrik mit den zwei

---

[6] Spiegel.de:
http://einestages.spiegel.de/static/authoralbumbackground/1989/Wie_ich_lernte_ein_ufo_zu_lieben.html
[Stand: 01.07.2011]

Schornsteinen. Ehemalige Mitarbeiter vom Kulturpark haben mir erzählt, das war immer das Problem vom Kulturpark. Das weiße Riesenrad wurde sehr schnell grau durch die Asche von den Schornsteinen dieser Fabrik. Man hatte sich dann bei dem neuen Riesenrad für diese rostrote Farbe entschieden, damit die Asche nicht mehr auffiel.

Foto 52 von Christopher Flade: Das Wahrzeichen des Parks sieht man von fast überall im Park.

Der Spreepark hatte zu Anfang großes Glück, denn 1991 ist in der Nähe von Paris der Freizeitpark „Mirapolis" in Konkurs gegangen. Dieser Park nahe Paris existierte von 1987 bis 1991 und machte wirklich ein Jahr vor Eröffnung des Spreeparks zu. So konnte man diese Fahrgeschäfte gebraucht, aber so gut wie neu kaufen. Zudem waren sie sehr günstig und sofort lieferbar. Für eine große Loopingbahn, wie sie hier im Spreepark stand, hätte man damals zwei, drei Jahre warten müssen. Für diese Fahrgeschäfte ist man einfach mit eigenen Mitarbeitern und eigenen LKWs nach Frankreich gefahren, hat sie abgebaut, aufgeladen, nach Berlin gebracht und wieder aufgebaut. Man hat aus diesem Freizeitpark eigentlich wirklich fast alles gekauft, zum Beispiel die Kaffeetassen vorne am Eingang, die Parkeisenbahn, die Wildwasserbahn, die roten Boote, die Schwäne, die Dinos, die PiratenSchiffsschaukel, das Piratenschiff bei der Piraten-Stuntshow, die Spreeblitz-Achterbahn, die Hütchen-Autos, den Kinderspielplatz, das Zirkuszelt, das Geisterschloss, die Loopingbahn. Der Spreepark wurde im laufenden Betrieb umgebaut, das heißt, während rechts die Bagger den See von der Wildwasserbahn ausgehoben haben, fuhren links noch die Kirmesfahrgeschäfte aus DDR-Zeiten vom Kulturpark. Deswegen sagen auch viele, wenn sie an den Spreepark zurückdenken, dass er einen sehr eigenen Charme hatte und ziemlich anders war, als andere Freizeitparks, weil der Kirmes-Charakter noch hoch war.

ATTRAKTIONEN

„Grand Canyon"

Nach jahrelanger Bauphase wurde 1995 die neue, große Wildwasserbahn des Spreeparks eröffnet. Seither war der Spreepark um eine Attraktion reicher. Auf Grund des fehlenden Erbbaupachtvertrags fehlte jedoch das Geld, um die Wildwasserbahn wie geplant fertig zu stellen. Auf den künstlichen Berg am großen Abfahrtshügel mussten die Besucher ein Jahr warten. Solange umrankten den 14 Meter hohen Hügel allein die Stahlträger.

Foto 53 von Torsten Lehmann: Wildwasserbahn „Grand Canyon" ohne Berg-Kulisse

ERZÄHLTE GESCHICHTE(N)

Die Attraktionen im Park

Da waren wir an einem Fahrgeschäft, da war es ein bisschen grau. Wir hatten den Eindruck, wir waren ganz alleine in diesem Spreepark und der Karussellbetreiber oder Starter oder wie auch immer man ihn nennen mag, der hat nur für vier Personen dieses Karussell angeschmissen. Es war etwas, das fliegt. Ich weiß nicht, wie es heißt. Und wir sind da gefahren und gefahren und gefahren, und der hat uns nicht wieder aussteigen lassen. Wir sind gefahren, wir sind gefahren und (lachend) gefahren, bis meine Freundin irgendwie mal runter brüllte: „Es reicht! Wir wollen nicht mehr!" Und dann durften wir aussteigen, das war bestimmt eine Viertelstunde, die wir da gekreist sind. (Lachen) Das weiß ich noch. Und die Kinder, die haben gejuchzt und gequietscht, denen hat es Spaß gemacht. Aber meine Freundin und ich, wir hätten am liebsten, na ja, (lachend) uns übergeben, charmant ausgedrückt. Den Kindern hat´s gefallen.

Barbara, geb. 1960

Ja, also Riesenrad gehört sowieso auf jeden Fall immer dazu. Und alle, die nicht Höhenangst haben, für die ist es einfach ein toller Ausblick. Im Plänterwald war das natürlich immer so ein bisschen, dass man nur Wald sieht, aber trotzdem denke ich, das hat auch was mit dem Höhengefühl und es fuhr schön langsam.

Nadine, geb. 1976

Meine Lieblingstassen. Also die standen ja eigentlich vorne direkt am Eingang. Und ich bin immer drauf losgestürmt auf meine Tassen. Das waren immer meine Tassen. Weil die Kanne in der Mitte mich an die „Madame Pottine" von „Die Schöne und das Biest" erinnert hat, an diese sprechende Kanne. Deshalb waren das immer meine Tassen, die fand ich total toll! Da hat mich auch keiner so schnell runter gebracht. Da mussten meine Eltern oder meine Verwandtschaft

mindestens eine Viertelstunde warten, bis ich dann da mal runter gegangen bin.

Kati, geb. 1984

Dann gab es noch die Wilde Maus [...] Eigentlich auch eine Achterbahn, aber die war ganz hoch. Da saß man dann in so kleineren Fahrgeschäften. Also, ich weiß, dass ich ja ziemlich groß bin als Frau, habe ich mir da immer die Füße, also die Beine gestoßen, weil ich immer vorne ran gedonnert bin. Da stand weiter hinten bei den Imbissen später im Spreepark auch eine Achterbahn, die war aber etwas höher. Ansonsten glaube ich, gab es hier im Kulturpark dann noch so eine Riesenrutsche, wo man hoch laufen musste. Man musste erst hoch laufen, ganz hoch und die Rutsche hatte mehrere Bahnen und die hatte so Wellen, wenn man runter gerutscht ist. Man musste sich auf so einen Teppich setzen. Man konnte nicht mit den Sachen runter rutschen. Man musste sich erst so einen Teppich holen, damit dann hoch laufen und dann runter rutschen. So, was noch? Ja, halt diese Schwäne, die auf dem Wasser gefahren sind.

Katrin, geb. 1979

Man konnte Sachen machen, die einem so auch nicht zugänglich waren, also wenn ich mich da so erinnere an dieses Fahrgeschäft „Berliner Ring". Das war ja eine Autobahn in Form einer Acht mit benzingetriebenen Autos. Und das Besondere war, dass das ein Fahrgeschäft war, wo Motor betriebene Autos fuhren. Das war wirklich zu DDR Zeiten schon so ein bisschen was Besonderes.

Lars, geb. 1967

Das war erst mal anstrengend, da mit dem Teppich hoch zulaufen. Man ist dann immer so hoch gehüpft, wahrscheinlich, weil es keine normale Rutsche ist. Dadurch, dass die Wellen da drinnen sind. Mir ist es dann mal passiert, auf eine andere

Bahn zu hopsen. Da kam dann aber gerade jemand, das war nicht so gut.

Katrin, geb. 1979

Als wir die erste Führung mitgemacht haben dieses Jahr, da habe ich nur den Zaun gesehen. Und ich habe schon gewusst, dass er zu der Pferdebahn gehört. Weil ich diese schwarz-weißen Pferde gesehen habe, das war wie so eine Sekunde, an die ich mich noch erinnern konnte. Weil es die schönen Pferde waren und Mädchen freuen sich ja über Pferde. Deswegen fand ich das natürlich dann auch immer schön. Wir haben auch noch Fotos davon, wie ich da drauf sitze. Ja, die fand ich toll! […] Aber es gab ja auch noch richtige Pferde. Da haben wir auch noch ein Foto, wo ich auf so einem richtigen Pferd sitze.

Christin, geb. 1990

Die Wildwasserrutsche. Aber das weiß ich nicht, ob das mit fünf Jahren war, aber das ist das, was mich so geprägt hat, die Wildwasserrutsche. Da haben wir von jedem Jahr Fotos, wo man da runter kam. Die war so herrlich, da konnte man quasi auch unser Leben sehen, wie man sich in einem Jahr verändert hat. Jedes Jahr wieder ein neues cooles Foto. […] Es ging ja lange durch den Spreepark durch, erst mal nach unten, dann ganz niedrig, ohne Steigung. Mal so ein bisschen gucken und dann kam so ein kleiner Hügel zum Vorgeschmack. Und dann ging es ja ewig lange den Berg hoch. Da hat man dann so gedacht (holt tief Luft): „Gleich wird es runter gehen! Uhhh, es wird wieder runtergehen." Und wenn man oben war und hat runtergeguckt, da dachte man sich so: „Oh, nee!" War man ja noch ein bisschen kleiner. Und dann kam der Moment, in dem man richtig schön runter geflogen ist. Das war herrlich!

Johannes, geb. 1990

Also ich bin gerne die Wildwasserbahn gefahren. Dann gab es da eine Achterbahn, da ist die Bahn durch so ein Monstermaul gefahren. Die fand ich ganz gut. Also alles, was mit über Kopf war, konnte ich sowieso nicht leiden. Damals schon

Foto 54 von Thorsten Lehmann: Selbst fotografiertes Onride-Foto von der Wildwasserbahn „Grand Canyon"

nicht immer, heute immer noch nicht. Diese Achterbahn, die mit diesem Looping war oder diese Schraube, damit bin ich nicht gefahren. Ansonsten gab es noch die Wilde Maus. Also ich wollte immer, dass meine Mutter oder meine Schwester vorne sitzen. Die anderen sollten immer vorne sitzen, die haben dann alles abgekriegt. Das ist ja dann immer bis nach oben gefahren und dann dieser Kick, wenn es runter fährt. Das erste Mal bin ich Wildwasserbahn gefahren, um zu gucken, fällt man da raus oder wie ist die da befestigt? Das war einfach irgendwie so der Kick, den man da gespürt hatte. Dieses Bauchkribbeln.

Katrin, geb. 1979

Das war irgendwie dann so ein kleiner Pool, würde ich jetzt einfach mal sagen. Da war häufig eine kleine Veranstaltung, ich glaube, das war die Acapulco-Springershow, in der teilweise auch in Brand gesteckte Leute von so einem Turm runter gesprungen sind. Was ich persönlich schon echt ein absolutes Erlebnis fand.

Michael, geb. 1985

Das war, ich glaube, das war 2000. Also nicht im letzten Jahr, 2001, sondern das war 2000. Da war ich zehn Jahre, nein, neun Jahre. Da kann ich mich noch an ganz viel erinnern, und zwar an die Westernecke, da gab es immer eine Western-Show. Das war auch ein sehr großes Highlight im Spreepark.

Norman, geb. 1991

Ich habe mal an einer Show dran teilgenommen. Ich glaube auch, dass es Hops und Hopsi waren. Es waren jedenfalls zwei Clowns und eigentlich waren es die einzigen beiden Clowns. Also als Kind habe ich mich nie über irgendwas beschwert.

Ich fand da eigentlich alles ganz toll. Vor allen Dingen war alles ganz kinderfreundlich. Das war alles nicht so hoch. Vor allen Dingen fand ich so Shows und mit Clowns für kleinere Kinder, die jetzt nicht überall mitfahren können, eigentlich einen ganz tollen Ausgleich. Dass die da sozusagen auch diese Shows haben, fand ich ganz super.

Madlen, geb. 1989

Ich ärger mich im Nachhinein natürlich, dass ich nie diese Shows besucht habe. Weil ich da immer so ungeduldig war. Da steht halt immer dran: Nächste Show in einer halben Stunde oder so. Und dann habe ich halt gedacht: „Ach, machst du mal nachher." Dann geht man woanders hin und vergisst es wieder. Und dann kommt man nicht dazu. Ist halt so diese Sache, wissen Sie, wollte ich immer mal machen, mir halt mal ansehen, was die in diesem Zirkus gemacht haben oder auch diese Stuntshow, aber jetzt bin ich nie dazu gekommen. Ich habe es mal mehr oder weniger durch Zufall vom Riesenrad aus beobachten können. Also das ärgert mich so ein bisschen.

Max, geb. 1977

Es gab die Wasserrutsche, damals gab es zwei Wasserrutschen. Eine ganz alte, die war hinten links, wo jetzt das Kinozelt steht. Die war eigentlich ganz schön alt und gebrechlich, also ich fand sie hässlich im Prinzip, aber sie hat trotzdem Spaß gemacht, muss ich sagen. (Lacht) Gerade die Abfahrt ins Wasser hat Spaß gemacht. [...]: Ich habe mich immer nach hinten versteckt. Ich habe nie vorne gesessen. (Lacht)

Kathrin, geb. 1965

CHRISTOPHER FLADE

Legenden rund um den Spreepark

Manche Dinge kann man auf Fotos zeigen, manche muss man aber erzählen und so ist das mit den Shows, die ja recht vergänglich sind.

Der Spreepark hatte 1992 relativ kurzfristig den Zuschlag erhalten. Man stellte sich dann die Frage, was das neue Spreepark-Maskottchen sein sollte. Es gab ein Gewinnspiel. Es durften Berliner ihre Ideen einbringen. Ein junger Mann hat den Preis gewonnen. Die Idee, die gewonnen hatte, war der Berliner Fernsehturm als Comicfigur. Es gab eine große Feier mit dem Erstentwurf des Kostüms, das aber noch, wenn ich mich so zurückerinnere, recht Furcht einflößend für die Kinder war. Nach der Erstpräsentation wurde ein richtig schönes, süßes Kostüm angefertigt. Ein blauer Berliner Fernsehturm, auf dem das Gesicht die Kugel des Fernsehturms war mit der Antenne oben drauf. Der Fernsehturm hatte mehrere Freunde. Einen kleinen Jungen, einen Zirkusclown, eine Professor-Eule mit einer ganz klugen Brille und einen Biber in Latzhose. Gemeinsam mit seinen Freunden stand der Fernsehturm, er nannte sich übrigens Spreemax, immer vorne am Eingang, um die Kinder zu begrüßen. Von den Familien wurde gemeinsam mit den Maskottchen ein Foto gemacht. Dieses Foto konnte man sich dann für fünf D-Mark abends, beim Nachhausegehen, an der Fotokasse abholen. Das haben, glaube ich, sehr viele Familien gemacht. Ich habe bei den Führungen schon viele Familien erlebt, die von diesen Fotos erzählt oder sie sogar mitgebracht haben.

Man hatte dann Ende der Neunziger überlegt, man wollte einen neuen Sympathieträger haben, weil man dann doch mit dem Fernsehturm wenig machen konnte. Man wollte eine bekannte Figur haben, mit der man vielleicht auch eine Show machen könnte. Es wurden verschiedene Kinderfiguren angefragt, unter anderem auch die Tigerente, die für den Spreepark dann doch zu teuer war. Man wandte sich auch an die MDR-Comicfigur Theo Tintenklecks, die damals noch relativ neu war. Theo Tintenklecks ist eine große Plüschfigur, ein großer Tintenklecks, der süß und sehr kuschelig aussieht, die von den Kindern auch sofort ins Herz geschlossen wurde. Er hat eine Freundin, das Eselsohr, das ist eine große Plüsch DIN-A4 Seite mit einem Knick drin. Und dann gab es den bösen Gegenspieler des Theo Tintenkleckses, den Tintenkiller.

Foto 55 von Torsten Lehmann: Theo Tintenklecks (MDR Comicfigur) war das neue Spreepark-Maskottchen von 1999-2001

Theo war seit 1999 das neue Maskottchen, ab 2000 hatte der Spreepark zusätzlich auch ein neues Logo. Nicht mehr das Wort Spree und Park getrennt von diesem Regenbogen, sondern es war ein blau-gelbes Logo, angepasst an Theo Tintenklecks. Seit 2000 tauchte im neuen Logo nicht nur der Name „Spreepark", sondern auch das Wort „Plänterwald" auf, weil viele ehemalige DDR-Bürger mit dem Wort Spreepark nichts anfangen konnten.

Faszinierend finde ich auch, dass man ganz einfach raushören kann, woher die Gäste meiner Führungen kommen. Ost-Berliner nennen den Kulturpark „Kulti". Ostdeutsche sagen „Plänterwald". Nur die Westberliner haben den Park damals zu DDR-Zeiten „Kulturpark" genannt, so wie er offiziell auch hieß.

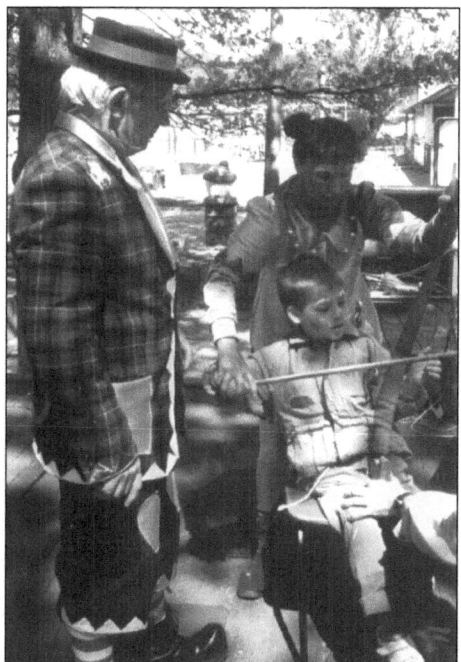

Foto 56 von Christopher Flade: Clown Hops und Hopsi beim Musizieren mit einem
Kind auf der Singenden Säge

In der Nähe des Haupteingangs, gleich neben dem Kaffeetassen-Karussell findet man
eine kleine Holzbühne. Zu DDR-Zeiten wurde sie als Disco-Bühne genutzt, auf der
große Konzerte unter anderem von Karat und den Puhdys stattfanden. Nach der
Wende war die Bühne zehn Jahre lang die Heimat vom Kinderprogramm der
„Clowns Hops und Hopsi".

Die beiden ehemaligen DDR-Artisten traten dreimal täglich mit verschiedenen Pro-
grammen auf. Es wurde mit den Kindern gemeinsam musiziert, jongliert, gezaubert
und auf Einrädern gefahren. Die Clowns Hops und Hopsi waren die heimlichen Maskottchen des Freizeitparks. Man fand sie auf allen Postkarten, Werbeflyern und auf
dem Aufkleber. Als einziger Showakt waren sie die kompletten zehn Jahre, jeden Tag
von März bis Anfang November im Spreepark dabei. Alle anderen Showbühnen wurden in der Regel jährlich wechselnd bespielt. Zusätzlich zu ihrer eigenen Clownerie
haben sie die Wasserspringershow sowie die Shows im Zirkuszelt moderiert. Auf den
Straßen spielten sie mit den Kindern, haben Luftballons verteilt, die Kinder kostenlos
geschminkt. Den Clowns Hops und Hopsi hat man den Spaß an ihrer Arbeit sofort
angemerkt. Sie waren der gute Geist des Spreeparks.

Foto 57 von Kathrin Gottschalk: Das Alt-Englisches Dorf

ERZÄHLTE GESCHICHTE(N)

Der Nervenkitzel Achterbahn

Da war mir unter anderem die Loopingbahn mit diesem supertollen Fotoautomaten in der Strecke ein Begriff, eigentlich auch fast schon ein Highlight neben der Spreeparkbahn, in der man in so ein Katzenmaul mehr oder weniger eingetaucht ist. Wo man dann kurzzeitig in absoluter Dunkelheit war. Ja, da war in der Fahrstrecke, ich glaube nach dem Looping direkt, war so eine kleine Schleife und da ist mehr oder weniger jedes Abteil einmal komplett fotografiert worden. Am Ende der Fahrt konnte man hingehen, sich diese Bilder anschauen und gegebenenfalls auch kostenpflichtig erwerben. Das haben wir früher als Kinder dann halt zum Spaß gemacht, dann da irgendwelche Grimassen zu schneiden oder so. Wenn man die Möglichkeit hatte, weil das kam wirklich ziemlich schnell und ziemlich unvorbereitet, obwohl man genau wusste, jetzt kommt das, hatte man meistens schon kaum noch Zeit, irgendwie eine entsprechende Grimasse zu schneiden.

Michael, geb. 1985

Rumschreien ist das Wichtigste überhaupt, Hauptsache, Krach machen.

Johannes, geb. 1990

Die müsste dann wahrscheinlich wie Mega-Loop oder irgendwas gewesen sein. Also so haben wir sie zumindest immer genannt. Das war schon was Einzigartiges. Ich glaube mich sogar daran zu erinnern, dass da zwei Loopings hintereinander waren, sonst war eigentlich, wenn man mal überhaupt eine Achterbahn in der Nähe hatte, nur einer.

Michael, geb. 1985

Ich habe mich in eine Achterbahn gesetzt, es ist schnell, man hat so ein bisschen Herzrasen, da ist so ein bisschen Spannung und man hat, wenn man jetzt ein Stückchen weit oben ist und es geht dann

runter, man hat dann Herzrasen und dieses Schreien. Das ist pures Adrenalin und für Kinder ist das total toll!

Madlen, geb. 1989

Gut, bei der Achterbahn war da dieses, wenn man hochgezogen wurde, erst mal dieses mulmige Gefühl, man kannte zwar die Strecke danach, zwei Mal schon, aber trotzdem hatte man jedes Mal irgendwie wieder ein mulmiges Gefühl. Und dann ging das ja auch schon so leicht bergab. Dann hatte man auch schon das erste Glücksgefühl, so ein erstes Drücken im Bauch. Danach ging es auch schon fast in den ersten Looping mit Schrauben, die über den Fußweg führten, wo man dann auch die anderen Parkbesucher sehen konnte, wie die glücklich/fröhlich hochgeschaut hatten, wenn dann gerade mal wieder eine Gondel vorbei donnerte.

Michael, geb. 1985

Ich bin Motorradfahrer. Da braucht man ja nicht beschreiben, was an der Loopingbahn toll ist, oder? (Lacht) Ja, also die Kraft bei dieser Loopingbahn, man merkt ja, wie sie einen in den Sitz drückt. Und wenn sie diesen Hügel erklommen hat. Währenddessen man dort hochfährt und wartet - wann geht es denn endlich los? – da ist man sehr aufgeregt. Und dann gibt es diesen kurzen Moment der Schwerelosigkeit. Da weiß man, jetzt geht es los. Und dann geht es bergab und dann kommen die scharfen Kurven, die einen in den Sitz pressen. Also das ist einfach ganz toll!

Max, geb. 1977

Als allererstes natürlich, klar, die blaue Achterbahn. Dann diese andere Achterbahn. Also ich bin ja eher einer, der auf Achterbahnen abfährt und dann eben auch mehr oder weniger die Risiko-Fahrgeschäfte bevorzugt. Mit Schwänen und mit Tunneln und Liebesnest und so was, da habe ich es nicht so. Ich bin aber durchweg sämtliche, in

81

meiner Altersklasse möglichen Fahrgeschäfte gefahren. Das war unter anderem auch diese eine normale Achterbahn, die schlichte, die mit dem Löwenmaul, mit dem blauen Plastikschlauch dahinter. [...] Sagen wir mal so, ich finde das Erlebnis einfach mal geil, dieses Einwirken der G-Kräfte und eben auch den Adrenalinschub, den man da hat. Es ist eine Sache, die ist schon mal geil. Ich bin da auch wirklich zu Besucherschwachen Zeiten in diesen Park gegangen, um möglichst bei der Achterbahn, sowie es möglich war, länger sitzen bleiben zu können. Und auch mal mehrere Runden mitzumachen, weil die war ja recht klein und bescheiden, aber von der Streckenführung war sie eben doch sehr interessant gelöst.

Uwe, geb. 1974

Beim Spreeblitz ging es durch den dunklen Tunnel und das war natürlich besonders aufregend als kleines Kind. Wenn es einmal, nicht so wie die üblichen Fahrgeschäfte alles nur bei Tageslicht, sondern eben auch mal durch das Dunkle hindurch ging und man wusste nicht, was einen erwartet. Dann hat man als Kind doch so seine Vorstellungen und ganz schön Angst und war aufgeregt!

Christin, geb. 1990

Warum fährt man Achterbahn, um Gottes Willen? (lacht) Ja, ein Reiz, (lacht) der Rausch der Geschwindigkeit. Wenn es bergab geht und der Überraschungseffekt kommt, erst werde ich hochgezogen, dann sitze ich drinnen und mache „hö-höhö", und dann kommt oben der Punkt, an dem ich gerade fahre und ausgeklinkt werde und dann geht es „Oh Gott, was hast du dir hier angetan".

Torsten, geb. 1968

Foto 58 von Christian Rösler: Loopingbahn in der Kurve

CHRISTOPHER FLADE

Warum ist der Spreepark eigentlich zu?

Ich denke, hier brauche ich nicht viel zu erzählen, das sehen Sie selbst. Das ist die ehemalige Wildwasserbahn vom Spreepark. Was Sie nicht sehen, das kann ich Ihnen jetzt noch erzählen. Von der Länge her war es damals in den Neunzigern die sechst-größte Wildwasserbahn der Welt vom Hersteller MACK. Diese Wildwasserbahn, Sie sehen es dort, hat einen 14 m hohen Punkt. Es gibt einen 14 m hohen Berg. Das ist der größere von zwei Bergen der Wildwasserbahn, an dem es dann in die Tiefe geht. Das Besondere damals war auch, da war man sehr stolz drauf, das war damals in den Neunzigern der erste Freizeitpark mit einem so genannten „Bumper". Wenn Sie da diese 14 m hohe Abfahrt runterkommen, schießt das Boot noch mal kurz in einer kleinen Welle nach oben und wird dann sofort wieder ins Wasser rein gedrückt. Sie sehen es, man kommt wirklich 14 m runter in die Tiefe gedonnert und wird dann so-fort noch mal in einer Welle nach oben geschoben und dann wieder ins Wasser ge-drückt.

Foto 59 von Christian Rösler: Die große Abfahrt der Wildwasserbahn „Grand Canyon"

Das traurige an dieser Wildwasserbahn ist, dass der Spreepark seit Mitte der Neunziger große Geldprobleme hatte. Dazu erzähle ich gleich etwas. Aufgrund dieses Geldproblems, vielleicht erinnert sich der ein oder andere noch daran, wurde circa 1995 die Wildwasserbahn fertig gestellt, und man fuhr die ersten Monate einfach nur rauf und runter. Da war einfach nichts außer diesem 14 m hohen Berg. Ungefähr ein halbes Jahr später konnte man sich dann das Stahlgerüst leisten. Da wurde dann ein Gerüst rund um diesen Berg gebaut. Und dann noch mal ein halbes Jahr später konnte man sich endlich die Kulisse aus Pappe und aus Styropor, diesen Kulissenberg, diesen schönen braunen Wildwest Grand Canyon außen rum leisten. Und das ist natürlich für einen deutschen Freizeitpark schon ziemlich traurig. Andere Freizeitparks, die bauen da kleine Kinderkarussells und für mehrere 100.000 erst mal ein ordentliches Themengebiet außen rum. Und der Spreepark konnte sich leider nicht mal auf Anhieb diesen Berg leisten. Man musste sich erst mit den Mehreinnahmen durch die neue Attraktion „Wildwasserbahn" die Kulisse zusammen sparen.

Ich hatte vorhin gesagt, der letzte Tag des Spreeparks war der 4. November 2001. Warum hat man aufgehört? Ich habe es in den ersten Reihen schon tuscheln hören: Der Spreepark war pleite. Mit dem Gerücht möchte ich sofort aufräumen. Der Spreepark war nicht pleite. Es gab nie eine Kreditkündigung seitens der Banken. Man hat freiwillig aufgehört, hat fristgerecht eine Kündigung an das Land Berlin für den Erbpachtvertrag geschrieben, man hat fristgemäß die Mitarbeiter informiert und entlassen. Es war also nicht, wie es in den Medien stand, dass der Park pleite war, und dass man bei Nacht und Nebel verschwunden ist.

Man hat also aufgehört und man hat dem Land Berlin in dem Kündigungsschreiben vorgeworfen, das Land Berlin würde sich nicht an die Verträge halten. Warum hat die Spreepark GmbH gesagt, Berlin halte sich nicht an die Verträge? Man hat damals diesen Vertrag abgeschlossen und hat das 28,5 ha große Grundstück für einen Freizeitpark für jährlich bis zu 1,8 Millionen bekommen und bebaut. Man hatte gerade das ganze Geld investiert und alles neu gebaut. Ab Mitte der Neunziger war dann, was vorher nicht besprochen war und aus den Verträgen nicht hervorgeht, der Plänterwald außen rum auf einmal Landschaftsschutzgebiet. Familie Witte hat damals von den 28,5 ha zwei Drittel einzäunen lassen und ein Drittel, also rund 10 ha, außerhalb des Zauns gelassen als Reservefläche. Das machen viele Freizeitparks so, die haben alle Reserveflächen. Das heißt, hätte man hier innen drin alles fertig gebaut, hätte man sich dieses letzte Drittel mit dazu geholt und hätte dann da den Rest zu Ende gebaut. Das war ein großer Fehler. Alles, was außerhalb des Zauns lag, war ab sofort Landschaftsschutzgebiet, das heißt Familie Witte konnte es nachträglich nicht mehr einzäunen, nicht bebauen, nicht bespielen.

Foto 60 von Christopher Flade: Schild „Landschaftsschutzgebiet" im Plänterwald

Seit Mitte der Neunziger ist der Spreepark auch Deutschlands einziger Freizeitpark ohne Parkplätze. Wenn man bedenkt, dass der DDR-Kulturpark rund 3.000 Autostellplätze am Dammweg, Wasserweg und Zirkusplatz hatte und der Spreepark auf einmal Null, ist das natürlich sehr ärgerlich. Die Spreepark GmbH wollte auf eigenem Grundstück, nicht auf öffentlichem Land rund 900 bis 1.200 Parkplätze schaffen. Diese wurden gestrichen aufgrund dessen, dass die Zufahrtsstraße, der Dammweg, diese einspurige Straße, 10 km/h an den Schrebergärten vorbei, mitten durch das Landschaftsschutzgebiet führte. Das war ein großer Streitpunkt, weil die Spreepark GmbH natürlich gesagt hat: Wie soll man jährlich 1,8 Millionen Besucher in den Park bekommen? Für 1,8 Millionen Besucher braucht man mehr als nur die Berliner. Man benötigt Gäste aus den benachbarten Bundesländern, wie Brandenburg, Mecklenburg-Vorpommern, Sachsen-Anhalt – und diese Besucher kommen selten mit dem Fahrrad.

2001 hat man festgestellt, dass es nicht funktionieren wird. Man hätte den Park so, wie man ihn geplant hatte, nicht halten können, und deswegen hat man freiwillig aufgegeben. So kam es dazu, dass der Spreepark geschlossen wurde.

Foto 61 von Christopher Flade: Überwucherte Schienen der Achterbahn „Spreeblitz"

ERZÄHLTE GESCHICHTE(N)

Tja, warum will sich der Mensch vergnügen?

Für uns war es einfach mal Abwechslung. Dann, bitte in Anführungsstrichen, „Ruhigstellung unserer Kinder". Für Freundinnen war das anders als auf einem Buddelkasten. Am Buddelkasten kamen die Kinder dann doch immer an: „Mama, ich habe Hunger. Mama, ich habe Durst." Im Spreepark konnte man sich dann wirklich irgendwo in eine Gaststätte setzen und da waren die Kinder in einem eingezäunten Gelände und konnten wirklich fahren, machen, tun. Die fanden das toll und wir Freundinnen konnten in Anführungsstrichen „ungestört" wirklich mal ratschen.

Barbara, geb. 1960

Also ich glaube, es gibt diese Fluchten aus dem Alltag, aber man muss dazu jetzt nicht Räume wechseln. [...] Also die räumliche Komponente, würde ich sagen, verändert sich. Ich merke das auch an mir selber, ich brauche sozusagen für die Flucht aus dem Alltag nur meinen Internet-Browser zu öffnen. [...] Das ist natürlich auch eine Falle irgendwie, um wirklich, wirklich rauszukommen, muss man sich auch räumlich bewegen, aber die Trägheit nimmt zu.

Désirée, geb. 1981

Also ich finde, dass man ein bisschen abschalten kann am Wochenende von der Arbeit. Oder kleine Kinder von der Schule. Dass sie auch mal wieder ein bisschen Spaß haben. Manche Kinder haben auch in der Schule Spaß, aber ich denke mal, der Vergnügungspark ist dann noch mal so ein Reißer am Wochenende. Zum Abschluss der Woche.

Norman, geb. 1991

Einfach um die Attraktionen zu erleben. Also wir sind da hingegangen, um einfach Spaß zu haben, die Kindheit auszuleben. Ja. [...] Ist mal was anderes, denke ich. Die Freizeit anders gestalten. Ich

meine heutzutage, was machen denn die Jugendlichen oder die Kinder? Die haben ja gar nichts mehr so richtig.

Katrin, geb. 1979

Ja, um abzuschalten, um Spaß zu haben. Je nachdem, womit man fährt, um den Kick zu haben. Um halt auch mit Freunden oder mit der Familie was gemeinsam zu erleben. Zumindest mache ich das so. Im vorletzten Jahr, ich glaube 1999 oder 2000, ich bin mir jetzt nicht mehr so sicher, hatte ich eine Jahreskarte gehabt, und da bin ich bestimmt fünf, sechs Mal gegangen. Bin mit meinem Bruder gegangen und einfach nur die Möglichkeit haben zu sagen, wir können hingehen und das macht einfach riesigen Spaß. Wir fahren dann 17 Mal mit der Achterbahn hintereinander, weil wir es können, einfach nur, weil man Spaß hat.

Max, geb. 1977

Wenn ich in so einen Freizeitpark gehe, wo ich also wirklich Freizeit habe, wo ich jetzt nicht alle Fahrgeschäfte abklappern muss und mein Geld ganz schnell unter die Leute bringen und wieder nach Hause fahre. Sondern man wirklich einen Tag verbringen und sich beschäftigen, kann, wenn man möchte. Wenn man nicht möchte, dann kann man sich in irgendeine Ecke setzen und die Leute beobachten. Man denkt weder an den Job, noch an den Ehekrach, den man vielleicht vor drei Stunden noch hatte. Es ist einfach so: Ich bin jetzt hier, für mich ist es schön, dass ich auf der Welt bin und nicht runterfalle.

Barbara, geb. 1960

Abschalten, mal was anderes erleben. Ich sage mal, auch gerade, um sich den Adrenalinkick zu besorgen oder eben, sich auch eine intakte Welt zu suggerieren, weil die andere Welt eigentlich recht beschissen ist. Da steht ein Fluchtgedanke dahinter.

Uwe, geb. 1974

Aber ich würde sagen, das ist eher heute durch die schnelllebige Zeit so, dass es heute eher so ist als früher. Meine Meinung ist, durch diese Schnelllebigkeit braucht man das heute eher.

Johannes, geb. 1990

Also ich glaube, ein Freizeitparkbesuch ist bei den wenigsten Menschen etwas, das regelmäßig und in kurzen Abständen passiert. Ich denke, das sind immer so punktuelle Erlebnisse, wenn man mal wieder so richtig aussteigen möchte aus allem. Die einen suchen vielleicht den Nervenkitzel, die anderen suchen eine kindliche, vielleicht auch Zerstreuung, indem sie sich eben bunte, blinkende Lichter anschauen oder solche bestimmte gastronomische Angebote wahrnehmen, wie Zuckerwatte essen und gebrannte Mandeln. Das sind ja diese Elemente, die selbst jetzt wieder aufgestellt werden, wo der Spreepark ja eigentlich gar keine funktionstüchtigen Fahrgeschäfte hat oder sehr wenige. Aber die gastronomischen Angebote, die sich eben leichter realisieren lassen, die kommen gleich zurück. Das ist mir aufgefallen. Das sind so typische Elemente, die eben immer wiederkehren, die man eigentlich auf jedem Rummel findet, die einen vielleicht auch in die eigene Kindheit ein bisschen zurückbefördern und damit eben eine schöne Zäsur im möglicherweise hektischen Alltag darstellen.

Julia, geb. 1982

Also ich denke mal, es gibt mehrere Gruppen: Der Erwachsene, der Kinder hat, der sagt, ich will mit meinen Kindern das Wochenende oder einen Wochenendtag verbringen. Weil die das eben schön finden. Einfach um eine Abwechslung zu haben zu Spaziergängen oder was man sonst am Wochenende mit der Familie macht. Dann gibt es sicherlich die Altersgruppe oder die Gruppe Menschen, die diesen Kick brauchen, diese Achterbahn und alles, was dazu gehört, die Loopinggeschichte, um den Adrenalinspiegel hochsteigen zu lassen. Aber um das allgemein zu sehen, würde ich sagen, einfach nur aus Spaß. [...] Also einfach nur, um das zu erleben, einfach, um Spaß zu haben, denke ich.

Gisela, geb. 1962

Also man vergisst schon so ein stückweit seine Problemchen aus dem Alltag, man lässt Sorgen vor allen Dingen ein bisschen außen vor. Wenn man Stress zu Hause hat, dann sagt man sich halt: Komm, wir fahren jetzt irgendwo anders hin. Man will ja dann mal was anderes sehen, wenn man jetzt zum Beispiel eine Baustelle zu Hause hat und man kommt da nicht weiter, und man sagt sich: „Oh, nee, ich kann jetzt auch nicht mehr. Ich will nicht mehr." Dann sagt man sich kurz: Mensch, wir machen eine kurze Pause. Wir fahren irgendwo anders hin. Wir sehen mal was anderes. So war es zum Beispiel bei uns. Wir mussten ziemlich viel am Haus bauen. Und da gab es da mal eine Zeit, wo wir total knülle waren, und wo wir dann mal gesagt haben: „Nee, morgen fahren wir in den Spreepark." Und ich habe mich als Kind natürlich super gefreut. (Lacht) Und als wir dann da hingefahren sind, ging es einem danach besser, muss ich sagen. Man hat mal wieder was anderes gesehen, man hat was anderes gemacht.

Madlen, geb. 1989

Einfach um Spaß zu haben, um abzuschalten, mal in eine andere Welt einzutauchen. Ich gehe jetzt von mir aus. Ich fand es immer schön da, weil man Spaß haben konnte, man konnte den Schulstress vergessen. Das fand ich immer schön.

Kati, geb. 1984

Warum ich in den Freizeitpark gegangen bin? Hauptsächlich wahrscheinlich, weil meine Eltern mich dort hingefahren haben. Aber natürlich auch um, ja, warum? Um Spaß zu haben! Ist ja einfach schon die Aufregung. Woran ich mich halt noch so erinnern kann, das war auch noch der Weg durch den Wald, bis man dann erst mal am Spreepark ankommt. Bei strahlendem Sonnenschein geht man dann durch den Wald und Mutti/Papa werden ständig gefragt: „Wann sind wir denn endlich da? Wann sind wir endlich da?" Die Aufregung steigt immer mehr! Dann sieht man schon das Tor und das dumpfe Treiben da drinnen. Dann wird es immer schlimmer und dann gleich, sofort, nicht lange an der Kasse stehen, sondern rein in den Park und los geht es. Einfach nur Spaß haben! Und die Zeit vergeht ja dann auch wie im Flug. Fünf Minuten und dann ist alles vorbei. Und man ist draußen, freut sich aber schon wieder so aufs nächste Mal. Ich meine als Kind abschalten vom Alltag ist ja jetzt nun nicht wirklich da der Sinn, aber generell, man kann ja als Kind nicht genug Spaß haben! Und man möchte da so viel erleben wie möglich.

Christin, geb. 1990

Also hier draußen ist die reale, harte Arbeitswelt, der Stress, die Hektik und da drinnen ist man ganz anders. Man geht durch das Tor und da ist, weiß ich nicht – ein Glücksgefühl. [...] Und man sieht die strahlenden Kinderaugen.

Kathrin, geb. 1965

Foto 62 von Christopher Flade: Die Achterbahn "Fun-Express" wartete am Fuße der Loopingbahn auf ihre Fahrgäste.

89

ATTRAKTIONEN

„Geisterhaus" und „Geisterschloss"

1998 entstand rund um das Zirkuszelt ein neuer Themenbereich mit Häusern im alt-
englischen Stil. In den Fachwerkhäusern konnte man folgende Attraktionen finden:
ein Ballhaus für Kinder bis 10 Jahre, ein Geisterhaus und ein Spiegellabyrinth. Durch
das Geisterhaus musste man zu Fuß gehen. Mittlerweile ist das Geisterhaus komplett
leer. Sämtliche Geisterpuppen wurden mit den Jahren verkauft.

Bei dem Geisterschloss handelt es sich um eine für das Jahr 1997 geplante 10 Millionen DM teure Geisterbahn. Mit dem Aufbau der Schienen wurde 1993 begonnen, danach wurde aus finanziellen Gründen mit der Außenfassade begonnen. Die Bahn ist
ein Endlossystem: Es hängt eine Gondel neben der anderen wie bei einem Paternos-
teraufzug. Einige Gondeln wurden von Dieben abgeschnitten, weil das Verbindungs-
stück zwischen den Gondeln und der Schiene wertvoll ist. Nach der TÜV-Abnahme
1993 wurde die Bahn jedoch nie in Betrieb genommen.

Foto 63 von Christopher Flade: Das nie zu Ende gebaute Geisterschloss steht bis heute im nie eröffneten Teil
des Spreeparks.

90

CHRISTOPHER FLADE

Warum ist der Park im Jahr 2011 immer noch zu?

Warum ist der Park zehn Jahre später immer noch zu? Gab es keinen Investor, der den Park haben wollte? Warum passiert hier nichts? Es ist nicht so, dass es keinen Investor gegeben hätte, der hier nichts hätte machen wollen. Eigentlich ist es sogar so, sobald der Eine weg war, kam schon sofort der Nächste. Die Investoren haben sich quasi sinnbildlich das Zahlenschloss gegenseitig in die Hand gegeben. Der erste Investor war Herr Rolf Schmidt, ein Schausteller aus Baden Württemberg. Er wollte den Park so übernehmen, dass die Besucher, die Berliner, gar nicht merken, dass ihr Spreepark überhaupt zugemacht hat. Er wollte gleich 2002 weiter machen mit den Fahrgeschäften, die noch im Park standen, seine eigenen Fahrgeschäfte mit dazu stellen und über die Jahre nach und nach alles modernisieren. Er wollte rund dreißig Millionen Euro Eigenkapital investieren. Das war dem Land Berlin anscheinend zu wenig. Anders kann ich es mir nicht erklären, dass nach zwei Jahren Verhandlungen nichts dabei herausgekommen ist. Er hat dann aufgegeben und ist gegangen. Danach kam die Gruppe von Tivoli Dänemark, eine der größten Freizeitparks Europas, auch die sollen ungefähr ein Jahr mit Berlin verhandelt haben. Dann kam die Gruppe Grévin & Cie, eine der größten Freizeitparkketten der Welt. Eine französische Kette, die unter anderem in Frankreich die Asterix- und Obelixparks, in Belgien die Walibi Parks und in Deutschland, im Sauerland, das Fort Fun Abenteuerland betreiben. Auch die wollten hier her. Die hatten dieselben Probleme bei den Verhandlungen über knapp zwei Jahre wie die Spreepark GmbH damals. Zwei Drittel Land dürfen nur benutzt werden, aber drei Drittel müssen bezahlt werden. Keine Besucherparkplätze. Und aufgrund dessen hat die Gruppe Grévin & Cie dann wohl nach zwei Jahren auch aufgegeben zu verhandeln. Sie ist wieder davon gezogen. Die Gruppe Grévin & Cie war sogar eine der ersten, die das Parkplatzproblem von Berlin gelöst bekommen haben, und zwar gibt es einen neuen Bebauungsplan. Den Investoren soll gesagt worden sein: Entweder lassen sie die Parkplatzsituation so, wie sie ist oder sie unterschreiben den neuen Bebauungsplan und nehmen es dann so hin und bauen es so, wie es geplant war. Als erstes soll der Dammweg quer durch den Plänterwald verbreitert werden. An die Spitze des Dammwegs sollte ein sechsstöckiges Parkhaus gebaut werden. Baukosten rund zehn Million Euro. Die Kosten trägt natürlich der Eigentümer. Wer baut ein Parkhaus mitten im Wald? Das mag vielleicht im Juli und August einigermaßen voll sein, aber alle anderen Monate, gerade auch im Herbst, Winter und Frühling ist ein Parkhaus mitten im Wald leer. Diese Investition lohnt sich gar nicht!

Zwischendurch gab es dann auch noch verschiedene andere Investoren. Einer von ihnen war zum Beispiel Erich von Däniken, ein Bestseller-Autor. Er wollte einen großen UFO-Landeplatz unter anderem mitten in den Plänterwald bauen. Diese und andere Vorschläge waren relativ schnell vom Verhandlungstisch. Der letzte, noch realistische Investor wollte einen verlassenen Welten-Themenpark hierher bauen. Also er wollte alle diese Fahrgeschäfte hier abbauen, wollte einen großen Landschaftspark aufbauen und im Eins zu eins-Format Pappkulissen von verlassenen Welten aufbauen. Stonehenge, Hängende Gärten, die Inka-Städte, die Pyramiden. Er hatte ja nun eine notarielle Kaufoption bis März 2010.

Als Frau Witte das Grundstück 2008 zurückbekommen hat, ging es langsam aufwärts. Die Führungen gibt es nun schon seit August 2009; das Café Mythos jetzt seit Anfang 2011. Das Café beispielsweise hat die Parkbahn bezahlt. Sie musste sicher gemacht werden, neue Ketten ran, die Gleise mussten repariert werden. Die Parkbahn und das Café sollen jetzt möglichst die bunten, drehenden Kaffeetassen am Eingang bezahlen. Und so will man sich jetzt Stück für Stück gemeinsam mit den Berlinern quasi durch den Spreepark durcharbeiten.

Foto 64 von Christopher Flade: Zugewuchertes Werbeschild

ERZÄHLTE GESCHICHTE(N)

Spreepark ist Rummel das ganze Jahr

Der Kulturpark war ja der einzige in der DDR fest stehende Rummel. Und ich glaube schon, dass man diesen Rummel als herumziehendes Zigeunerleben, dass man das sesshaft machen wollte. Soviel ich weiß, wollte man in mehreren großen Städten so etwas etablieren, um dann die Schausteller mehr oder weniger wegzudrängeln. Aber das war eben organisatorisch nicht machbar. Da waren ja auch Karussells mit drin, die vom VEB Zentralzirkus. Der Zirkus war ja der VEB Zentralzirkus. Er war ja nicht privat. Anfang oder Mitte der 60er Jahre oder Anfang der 60er Jahre haben die ja auch selbst Karussells gehabt. Die hatten eine Achterbahn, und schon in den 60er Jahren kam die Achterbahn. Und eine Kosmoplane oder wie sich das nannte. Also die hatten zwei oder drei Geschäfte, und dieser VEB Zentralzirkus sollte im Prinzip die Schausteller verdrängen und den Rummel dann selber gestalten. Aber das haben die von der organisatorischen Seite nicht geschafft. Deswegen hat man uns auch am Anfang als notwendiges Übel gesehen, weil sie hatten zwar diese paar Karussells da im Kulturpark, aber es fehlte so dieses Zwischending, was eigentlich einen Rummel ausmacht, das Urbane dazwischen. Das fehlte. Denn der Kulturpark sah ja am Anfang, wenn sie die Bilder gesehen haben, sehr steril aus. Es waren ja nur dieses glatte Asphalt und diese paar Karussells ringsum. Sonst gab es ja nicht viel da. […] Also wenn Sie auf dem Riesenrad auf den Springbrunnen von oben gucken, auf der rechten Seite. Der war nach dem sozialistischen Idealbild gebaut, so wie die Graumarksallee. Groß, sehr steril, alles Beton und in der Mitte waren aus Edelstahl so etwas wie das Atomium in Brüssel nachgebaut. So aus runden Kugeln, wie ein Atom zusammengebaut, so ähnlich sah das aus. Und da kam dann das Wasser raus.

Monika, geb. 1952

Also wir sind alles gefahren. Und weil wir eine verrückte Familie sind, also eine richtige Rummel-Familie, sind wir alle Mann gefahren. Wir haben so viel wie möglich mitgenommen und wir haben uns auch aufgeschrieben auf unsere Eintrittskarte, mit was wir alles gefahren sind und wie oft wir damit gefahren sind. Zu Hause haben wir das einfach mal spaßeshalber zusammen gerechnet und gesagt, wir haben unser Geld dicke abgerummelt. Wir haben mal versucht aufzurechnen, was das hier so auf dem Dorffest kostet in der Stadt, wenn da so ein Rummel war, und da haben wir gesagt, da haben wir voll unser Geld abgerummelt.

Kathrin, geb. 1965

Frage: Wieso heißt die Kirmes in Berlin Rummel? Wissen Sie das?
Ja, mehr oder weniger. Und zwar, weil das eher aus der „Berliner Schnauze" kommt. Wenn da halt viel Trubel ist, dann sagt man gerne dazu, das ist ein Rummel. Und meistens, wenn so ein Fest veranstaltet wird mit Fahrgeschäften und so was, dann ist da ja wirklich viel Trubel, also viel Rummel, also letztendlich die ganze Veranstaltung an sich.

Michael, geb. 1985

Als Teenie würde ich wahrscheinlich eher auf den Rummel gehen, durch die Musik bedingt, was man ja im Freizeitpark nicht unbedingt so hat. Und als Erwachsener denke ich, dass man dann eher doch auf die Kosten guckt und man eine ruhige Atmosphäre haben will. Also mehr Romantik.

René, geb. 1978

In Berlin gibt es ja eher die Tradition von Rummelplätzen, aber die sind ja immer zeitlich begrenzt. Ich wohne ja in Wedding, hier gibt es dann halt das Frühlingsfest und das Deutsch-Französische Volksfest, aber das muss man halt abpassen. Das ist immer nur 14 Tage lang. Was gibt es noch? Das Deutsch-Amerikanische Volksfest. Das ist halt immer nur 14 Tage lang, wie

93

gesagt. Man muss es abpassen und zum Zeitvertreib ist es eigentlich super, wenn man jeden Tag hingehen kann. [...] So eine Art Attraktion ist für Kinder einfach toll. So eine Mischung aus Freizeitpark, also Park und Fahrgelegenheiten und so. Einmal Eintritt zahlen und dann alles umsonst fahren zum Beispiel, das ist auch ein super Ding. Einfach entspannter. [...] Es ist enger geworden in Berlin. Also die ganzen Rummel sind alle auf einem kleineren Platz. So ein Freizeitpark ist wesentlich entspannter. Man hat mehr Ruhemöglichkeiten, man findet schneller leisere Ecken und so weiter. Das Gastronomieangebot ist ein anderes.

Nadine, geb. 1976

Foto 65 von Kathrin Gottschalk: Der Schmetterlingsflug bei voller Fahrt

Der Freizeitpark ist einfach so, da ist ziemlich viel Grün durch den Plänterwald. In dem Grün ist der Freizeitpark, wo man so viele verschiedene Sachen machen kann oder könnte. Es ist so einfach abwechslungsreicher. Und die Stimmung war anders. Man fühlte sich nicht wie auf so einem inszenierten Jahrmarkt, sondern da stimmte halt das Gesamtbild. Auf der Kirmes ist es immer so relativ inszeniert, bei der Berliner Kirmes. Finde ich persönlich. Wir platzieren da mal ein Karussell, wir platzieren mal da ein anderes. Und das möglichst alles auf dichtem Grund, also dicht nebeneinander, ohne viel dazwischen, ohne Park, ohne Ambiente, sondern einfach nur Fahrgeschäfte. Das ist ja da im Spreepark nun gar nicht so. Da spielen ja der Park und auch die Buden eine Rolle. Und auch das ganze Ambiente und die Figuren, die da im Spreepark herumstehen, Dinosaurier und ähnliches, das hat man ja auf der Kirmes nicht.

Johannes, geb. 1990

Also einen Rummelplatz vergleicht man immer so, dass da viele Sachen auf einem begrenzten Raum eng zusammen sind und im Kulturpark war es die Mischung zwischen Park und Vergnügen. Da waren die Fahrgeschäfte, sage ich jetzt mal, nicht auf so einem engen Raum zusammen, sondern man hatte auch viel Grün zwischendurch.

Lars, geb. 1967

Ich denke mal, das ist ein ganz anderes Gefühl, wenn man gleich von vornherein einen Eintritt hat und dann wirklich weiß, ich kann mich jetzt entspannen, ich brauche nicht ständig nach meiner Geldbörse fummeln, sondern kann mich entspannen und mit allem fahren, was ich möchte. Ich finde das irgendwie befreiender, als wenn man auf dem Rummel geht, der dann wahrscheinlich ziemlich überfüllt ist, was sich ja auch in dem Park doch eher verläuft. Also ich finde, das ist viel gemütlicher in so einem Freizeitpark. Und vor allem hier im Spreepark dadurch, dass ja noch Bäume und so was alles da noch steht, also noch viel Natur vorhanden sind. Das finde ich richtig gut.

Christin, geb. 1990

Foto 66 von Torsten Lehmann: Flyer und Eintrittskarte (1996)

CHRISTOPHER FLADE

Leben im geschlossenen Spreepark

Hier hinten würde es zum ehemaligen Westerndorf gehen. Das Westerndorf wurde leider 2008 abgerissen. Das heißt, dort ist leider nichts mehr außer den Grundmauern. Das Westerndorf gehörte nicht direkt dem Spreepark, es wurde gebaut und betrieben vom Schausteller Rolf Deichsel, einem ehemaligen DDR-Schausteller, der auch schon zu Kulturparkzeiten hier im Plänterwald war. Er hatte damals Familie Witte dieses Konzept des Westerndorfs vorgestellt, mit großem Western-Saloon, Spielhallen, China-Imbiss, Wildwest-Stuntshow, mit Schießbuden im Wild-West-Stil und so weiter. Er hat das damals gebaut und betrieben. Da das sein Westerndorf war und wirklich richtig schicke, hochwertige Holzhäuser, nicht wie in anderen Parks Container mit einer Pappkulisse davor, hat er sich dann natürlich gefragt, was er ab Ende 2001 damit macht. Er muss irgendwie Geld verdienen. Also hat er die Wohnungen in seinem Westerndorf vermietet.

Foto 67 von Christopher Flade: Bis auf das Bankgebäude wurde das ehemalige Westerndorf fast vollständig abgerissen.

Noch acht Jahre nach der Schließung haben sieben Mietsparteien, insgesamt 23 Menschen hier im Westerndorf mitten im Plänterwald gelebt. 2008 war dann die Räumungsklage. Die Anwohner mussten alle ihre Wohnungen verlassen.[7] Herr Deichsel berichtete, er hatte damals dem Insolvenzverwalter angeboten, ihm für den symbolischen einen Euro dieses Westerndorf zu schenken. Herr Deichsel hat den Wert des Westerndorfes schätzen lassen und es lag bei etwa rund zwei Millionen Euro. Trotzdem wurde das Westerndorf abgerissen. Ungefähr vier Wochen nach dem Abriss wurde das ganze Grundstück dann Frau Pia Witte zurückgegeben.

Foto 68 von Christopher Flade: 1997 wurden die mit Benzin betriebenen Autos unter dem Namen „Monte Carlo Drive" in Betrieb genommen.

Alle, die früher da waren, erinnern sich vielleicht, dass an dieser Stelle die kleinen, mit Benzin betriebenen Cadillacs fuhren. Man konnte selber Gas geben, selber lenken, hier roch es schön nach Tankstelle. Es war was ganz Besonderes. Erst mal war es hier immer voll, man musste – genau wie bei der Wildwasserbahn – lange anstehen. Damals in den Neunzigern war diese Bahn die neueste Attraktion im Spreepark. Man konnte dann in das Auto einsteigen und losfahren. Die Strecke war relativ lang. Es ging um mehrere Kurven und über eine Brücke rüber und unter der Brücke noch mal durch. Man fuhr sogar eine längere Strecke durch den Plänterwald. Die Fahrgeschäfte wurden alle sehr gut in den Wald eingebettet. Man hat den Wald sogar noch aufgestockt, noch mehr Bäume gepflanzt. Das war aber nicht nur eine tolle Fahrt durch den Plänterwald, sondern man sah unterwegs auch die andere Autobahn, das waren die

---

[7] Quelle dazu auch: von Seldeneck, Lucia Jay: „High Noon im Plänterwald
Im ehemaligen Spreepark in Treptow leben Menschen in einem Westerndorf. Nun ist ihr Idyll bedroht – durch einen Investor.", Tagesspiegel, 20.08.2005 [http://www.tagesspiegel.de/kultur/high-noon-im-plaenterwald/634778.html]

Hütchen-Autos und die Achterbahn Spreeblitz. Man konnte bei dieser Cadillac-Fahrt eine Menge erleben, viel sehen.

Auf dieser Brücke, die hier zum Eingang der Cadillac-Bahn führt, haben auch schon viele große Stars gestanden. Vielleicht haben Sie die Brücke schon das ein oder Mal im Fernsehen gesehen. Das ist derzeit die Haupteinnahmequelle des Spreeparks, Film- und Fotoaufnahmen. Ich behaupte jetzt einfach mal, wenn Sie das Riesenrad im Fernsehen sehen, ungefähr 60 Sekunden später sehen Sie die komplett zugewucherte Brücke dieser Cadillac-Bahn. Besonders gern wird sie für Musikvideos genutzt. Wenn das Musikvideo das Thema Abschied verarbeitet, nehmen erstaunlicherweise alle Künstler diese Brücke. Dann steht die Band traurig oben drauf, spielt traurig ihr Lied. Irgendein Darsteller läuft ganz traurig unter der Brücke durch, verschwindet in der Hecke. Abschied! Künstlerisch sehr wertvoll! Ich denke, das bekannteste Musikvideo, was hier gedreht wurde, war von SIDO, „Ein Teil von mir", heißt der Song. Dann waren schon viele große Film- und Fernsehaufnahmen im geschlossenen Spreepark. Unter anderem für den Film „Zivilcourage" mit Götz George, wurde hier gedreht. „Anna und die Liebe" und „GZSZ" waren hier. „Löwenzahn" schon zwei Mal. Anfang 2011 laufen zeitgleich sogar zwei Kinofilme mit Szenen aus dem Spreepark: eine Hollywood-Produktion mit Kate Blanchet - „Wer ist Hannah?" und auch das deutsche Filmportrait „Joschka und Herr Fischer". Im Jahr zuvor lief der deutsche Vampirfilm mit Max Riemelt „Wir sind die Nacht" im Kino. Wie oft der Playboy nackig auf den Dinos saß, kann man schon gar nicht mehr zählen. Es werden Modestrecken hier fotografiert und so weiter, und so weiter.

Der Spreepark hatte auch zwei Kanalfahrten, einmal die große Kanalfahrt. Das waren die roten Boote, die mit Seilen über große Räder im Wasser gezogen wurden. Sie fuhren einmal komplett um die große Pirateninsel herum. Auf dieser Pirateninsel steht das Riesenrad. Die etwas kleinere Kanalfahrt waren die Schwanenboote. Sie sehen keine Seile im Wasser, weil die Boote hier nicht gezogen wurden, sondern von der Strömung geschoben wurden. Am Rand dieser Schwanenfahrt waren verschiedene Kulissen. Dort stand zum Beispiel die Biberfamilie, die gesungen, mit dem Publikum gesprochen und im Sommer auch die Gäste nass gespritzt hat.

Foto 69 von Kathrin Gottschalk: Biber-Familie bei der Schwanenfahrt

Gleich hier in der ersten Kurve, wenn man mit den Schwänen losgefahren ist, stand eine Musikband, die wirklich faszinierenderweise zehn Jahre lang von morgens bis abends dieselbe Melodie gespielt hat. Ich muss ganz ehrlich sagen, wenn man da einfach mal durchgefahren ist, war sie ganz schön. Wenn man sich jedoch länger im hinteren Teil aufgehalten hat, bei der Familienachterbahn Spreeblitz, der Hütchen-Bahn Chapeau-Claque oder hier hinten bei den Schwänen und saß dann vielleicht noch bei der Chapeau-Claque-Bahn im Café, dann war diese Melodie doch schon ziemlich nervtötend. Ich könnte sie auch heute noch aus dem Effeff summen, immer wenn ich hier lang laufe, höre ich heute noch diese Melodie in meinem Kopf. Die Melodie war wirklich ziemlich eindringend.

Zu den Schwänen gibt es eine nette Geschichte. Im August 2009 haben wir mit den Führungen durch den geschlossenen Spreepark begonnen. Damals stand vorne im Eingangsbereich nichts – gar nichts! Ich hatte den Wunsch, dort ein Schwanenboot zu platzieren, damit unsere Gäste dort schon mal eine kleine Fotokulisse haben. Wir waren damals zusammen mit dem Wachschutz rund acht Personen. So standen wir hier und wollten einen Schwan nach vorne bringen und wollten ihn erst mal versuchen anzuheben. Es ist uns nicht geglückt. Wir waren acht Mann und haben den Schwan nicht einen Millimeter hochbekommen. Wir haben es dann einfach sein lassen.

Vor den Führungen laufen der Wachschutz und ich erst mal eine Runde komplett durch den Park, damit ich bei der Führung nicht sage „Hinten rechts um die Ecke sehen Sie Folgendes" und die Einbrecher haben es nachts schon längst weggebracht, kaputt gemacht, abgebrannt oder geklaut. Deswegen gucken wir morgens, ob noch alles da ist. Eines Morgens liefen wir hier lang und mussten feststellen, dass ein Schwan weg war! Für unser Ego haben wir uns erst mal eingeredet, dass es mindestens neun Einbrecher gewesen sein müssen. Wir guckten uns weiter um und die Einbrecher haben doch tatsächlich mit dem Schwan den Zaun des Spreeparks umgehauen und das Schwanenboot in die Spree geworfen. Das plätscherte dann dahin. Aber wie es immer so ist, die Finder des Schwans haben natürlich Herrn Witte angerufen. „Schönen guten Tag, Gaststätte XY, wir haben hier Ihren Schwan vor Anker… in Mecklenburg Vorpommern." Er guckte recht verdattert, ist mit seinem Anhänger dort hingefahren und hat das Schwanenboot wieder zurückgeholt. Er kam mit einem breiten Grinsen im Gesicht wieder zurück und freute sich, *sein* Schwan hat es unbemerkt durch drei Schleusen durch geschafft. Gott, war er stolz!

Foto 70 von Christopher Flade: Schwanenboote neben den einstigen Kanälen (2008)

Foto 71 von Christopher Flade: Maskottchen „Spreemax" mit Parkbesuchern

ERZÄHLTE GESCHICHTE(N)

Der Spreepark heute

Ich kann mich noch genau daran erinnern, als ich das letzte Mal da war, das war 2002/2003. Da meine Familie und ich nichts von der Schließung mitbekommen haben, wir waren vorher auch viel im Urlaub, hatten wir dann beschlossen, noch mal zum Spreepark zu fahren. Ich hatte mich auch schon ganz doll gefreut. Dann haben wir in der Nähe einen Parkplatz gefunden. Sind dann wieder in den Wald rein gelaufen und haben dann das erschreckend zertretene Kassenhäuschen vorfinden müssen. Wir waren total geschockt. Ich als Kind vor allen Dingen. Man hat sich ja dann schon so gefreut. Als wir durch diesen Wald gelaufen sind, hat man auch dieses Kinderschreien, dieses Lachen von Kindern, das hat man ja da schon gehört. Das hat man ja da auch schon mitbekommen. Wir waren da ganz schön baff.

Madlen, 1989

Berlin ist eine repräsentative Hauptstadt, die eigentlich sonst nichts wirklich an Attraktionen bereithält zur Volksbelustigung. Es gibt allenfalls einen Versuch in Potsdam, diesen Filmpark Babelsberg. Man könnte es besser machen, ich sage mal, einen regelrechten Freizeitpark, das wäre schon nicht verkehrt. Nur in dem Landschaftsschutzgebiet, da würde ich stattdessen dann doch eher das Rollfeld in Tempelhof bevorzugen. Es ist ungünstig mit noch größeren Parkplatzflächen zu agieren. Der Park als solches, der ist auch aufgrund dessen wachstumsbeschränkt gewesen, weil nicht genügend Parkflächen da waren. Die Leute standen ja irgendwie auf den Anwohnerparkplätzen und haben allgemein den Verkehr lahm gelegt. Wenn sie mit den öffentlichen Verkehrsmitteln angereist sind, war der Bahnhof eigentlich relativ ausgelastet.

Uwe, geb. 1974

Das stärkste Element, das ich im Moment damit verbinde, ist der zugewucherte Spreeblitz, den finde ich besonders beeindruckend. Dass man

kaum noch einen Blick hat auf diesen Schlund, den ich in meiner Kindheit so oft gesehen habe, von diesem Monster, wo man rein fährt mit der Achterbahn. Dass der jetzt so zugewuchert ist, dass man da kaum noch ein Foto davon machen kann, das finde ich auf der einen Seite unheimlich traurig, wenn ich an meine Kindheit denke. Ich finde es schade, dass meine Kinder das wohl nicht mehr sehen werden, diese Achterbahn in Action, und dass sie diese Erfahrung nicht machen können, die ich meiner Kindheit so schön fand. Und andererseits finde ich eben, dass es ein unglaublich tolles Foto- und Filmmotiv geworden ist, so wie es jetzt aussieht.

Julia, geb. 1982

Es kam für mich überraschend. Ich habe es noch gar nicht verstanden. Der Spreepark sei zu, hieß es auf einmal. Da habe ich mich immer gefragt: „Warum denn das?" Der war auf einmal zu! Ich hab die Anzeichen persönlich nicht gemerkt. Ich weiß nicht, warum, aber eigentlich hätte es ja auffallen müssen, wenn man sich jetzt mal so informiert im Nachhinein oder wenn man die Geschichte kennt, es hätte auffallen müssen. Ist es aber nicht, mir nicht.

Johannes, geb. 1990

Also ich habe mir diese alten Bilder angeguckt, die andere reingestellt haben. Und dann habe ich auch so gedacht: Ja, Mensch, die Laternen! Natürlich. Und da hast du auf der Bank gesessen. Das sind Erinnerungen, die hoch kommen. Dann ist es halt schade, dass der Park nun doch mehr oder weniger so vor sich hin wuchert.

Gisela, geb. 1962

Es war ein vollständiger Freizeitpark und es ist immer wieder ein sehr trauriges Gefühl, wenn man an diesem so genannten toten oder noch sterbenden oder mittlerweile qualvoll wiederbelebten Gelände vorbeikommt. Weil das, was da momen-

101

tan an Leben reingepumpt wird, reicht nicht aus, um das Herz des Parks wieder schlagen zu lassen.

Uwe, geb. 1974

Es ist famos, wie schnell die Natur sich diese ehemals kultivierte Fläche zurückholt. Wie alles einfach wuchert, alles grünt und zuwächst. Dazwischen gucken wie kariöse Zähne die Überreste von den Fahrgeschäften hervor. Und [...] das war auch irgendwie das erste Mal, dass ich zwar nur aufgrund der Überreste erleben konnte, wie der Spreepark ausgesehen haben mag. Dass aus der betonierten Fläche ein richtiger Park geworden war mit Wasserläufen und so.

Désirée, geb. 1981

Wir fühlen uns da einfach so wohl und es fragen ja immer alle nach: „Es gibt doch da nichts zu sehen!" Mein Antwort: „Na klar gibt es da noch was zu sehen!" Und selbst wenn, ich würde auch ganz alleine durch den Park gehen und das einfach nur anschauen, das ist halt irgendwie komisch! Aber ich meine, man hat ja sich schon öfters mal alte Stätten oder so angeguckt, aber das ist irgendwie etwas anderes bei dem Park. Das ist einfach, weil man da noch so viel mit verbindet. Und weil es ja dann doch so ein besonderer Ort ist, wo man so viel Frieden (lacht) empfunden hat. Was für Spaß wir gehabt haben. Und dass es einfach nur schade ist, dass es eben nicht mehr geht. Und dass es die Generation dazwischen jetzt gar nicht erleben konnte. Ich habe ja noch die Hoffnung, ich bin ja erst zwanzig, wenn ich dann mal Kinder kriege, dass dann der Spreepark wieder geöffnet ist, damit ich das meinen Kindern auch noch vermitteln kann.

Christin, geb. 1990

Berlin braucht ein Ventil. Berlin braucht genauso ein Auge zum Weinen wie eins zum Lachen. Und das zum Lachen hat man Berlin einfach genommen. [...] Berlin ist nicht fähig, alleine Gefühle nach außen zu zeigen, zu entwickeln, Nestwärme zu verbreiten. Es bedarf immer eines Motors. [...] Für mich liegt der neue Trend nicht mehr wirklich in den Freizeitparks, irgendwie bluten die da so allmählich aus in ihrer so genannten Geschäftstüchtigkeit. Die Fahrgeschäfte als solches haben nicht mehr die Fantasie wie früher. Ich sage mal, die Freizeitparks von morgen sind meines Erachtens Thermen- und Kulturbäder. Weil es wirklich auch darum geht, dass der Mensch abschalten kann. Und das allerwichtigste: Nehmen wir mal die Kristalltherme in Berlin-

Ludwigsfelde. Dort ist durchweg in allen Bereichen FKK. Was meinen Sie, was für eine angenehme Auswirkung das auf Menschen hat. [...] Dort ausgerechnet, weil jeder gleich ist, kann man sogar sein Handy auf dem Liegestuhl liegen lassen und es liegt danach noch da, weil keiner ein Hemd anhat, um es reinstecken kann, um es raus zu tragen. [...] Dass man also auch wirklich das Gefühl hat, in einer anderen Welt zu sein. Vielleicht braucht man ein Ritual, wie man es zum Beispiel auf Bali macht mit dem Umhängen von irgendwelchen Sonnenblumen oder ähnlichem, irgendwelchem Flechtwerk oder vielleicht sollte man irgendwie den Passanten unvorbereitet eine rote Nase anmalen. Irgendwas muss man machen. Wie gesagt: Berlin braucht den Motor.

Uwe, geb. 1974

Ich sehe ihn immer von der S-Bahn aus oder wenn man da lang fährt, den Spreepark, dann denke ich mir so: „Schade! Früher warst du öfter da. Jetzt geht das nicht mehr." Aber an sich muss ich sagen, wenn der Spreepark so existieren würde wie früher, dann wäre ich garantiert ständig da. Aber nicht zum Besuchen der Ruine, sage ich mal. Das macht man irgendwann mal so, aber das reizt mich jetzt erst mal nicht.

Johannes, geb. 1990

Ich wohne ja hier in der Nähe von dem Park in Schöneweide, ist praktisch zwei Stationen davon mit der S-Bahn entfernt. Wir laufen da öfter mal lang. Das ist nicht so ein schöner Anblick, wenn da alles so rumliegt und verrottet. Der Zaun ist eingetreten und da waren ja bestimmt auch schon mal welche drüben und haben da randaliert. Ich finde es nicht so schön. Gerade jetzt, wo ich selber ein Kind habe in dem Alter, der ist jetzt fünf geworden, da kommt es dann langsam so in den Sinn. Da war früher mal etwas, wo man gerne hingegangen ist. Da hätte man ja jetzt mit dem Kleinen auch hingehen können.

Katrin, geb. 1979

Sieht übrigens auch sehr interessant aus der Freizeitpark von oben. Aber ich muss wirklich sagen: Es hat mir streckenweise Schmerzen und auch Depressionen bereitet, wenn ich an diesem Park und an diesen Ruinen vorbeigegangen bin. Berlin hat eine ganz gewaltig große offene Wunde.

Uwe, geb. 1974

Diese Weihnachtsmärkte, die bringen es einfach nicht. Die sind schon drei Wochen da, vier Wochen, und das war es schon wieder. Und dann wartet man wieder fast ein halbes Jahr bis ein Jahr bis dann wieder was Neues kommt. Und die kleinen Rummelplätze kann man ja eigentlich vergessen, die es gibt. Zwei Achterbahnen, wenn überhaupt, ein Riesenrad. Alles viel zu langweilig. [...] Der Rummel ist ein Wandermarkt. Der wandert immer von Stadt zu Stadt oder ist nur an Festen da, wie zum Beispiel Erntedankfest, Weihnachtsmarkt. Da hat einfach was gefehlt in der Zwischenzeit, wo nichts da war. Museen gibt es hier unendlich oder Denkmale. Das ist eigentlich nichts für kleine Kinder, finde ich. Oder für Heranwachsende, der Spreepark gehört einfach mal dazu; also ein Freizeitpark.

Norman, geb. 1991

Warum die Leute jetzt unbedingt in den Spreepark gegangen sind, kann ich gar nicht so wirklich sagen. Ich denke, weil es für uns Berliner ja sehr nahe gelegen war. Weil es eine Abwechslung war. Wenn ich mich heute hier umgucke, habe ich nur noch Museen, Diskotheken und alte Fachwerkhäuser oder Baudenkmäler. Wo ich hier in Berlin nicht mehr wirklich ein Vergnügen sehe, und ich denke, das wird mitunter so ein Grund gewesen sein, warum Leute halt gerne in den Spreepark gefahren sind. [...] Berlin hat, in meinen Augen für Touristen vielleicht eine ganze Menge zu bieten, aber für Bürger, die hier leben, hat Berlin gar nichts mehr zu bieten. Die haben ja alle Freizeitaktivitäten, die man hier als Berliner so machen konnte, mehr oder weniger auf das Trockene gelegt.

René, geb. 1978

Mir fehlt schon ein Vergnügungspark in Berlin. Ich wollte letztes Jahr mit meinen Bruder einen besuchen: „Wir können ja mal in den Heidepark fahren." Und irgendwie hat sich das nie ergeben, weil man eben die Zeit braucht, um da hinzukommen. Also es fehlt mir halt schon. Dann gibt es ja noch bei Leipzig auch einen Park. Vor ein paar Jahren hatte ich gefragt, da antwortet er: „Nee, das ist nicht so toll." Es fehlt schon. Ich sage mal, Weihnachtsmarkt ist im Winter.

Max, geb. 1977

Ich glaube, es gibt verschiedene Gründe dafür, dass er nicht funktioniert. Einer ist ganz sicherlich diese etwas abgelegene Lage, dass man schlecht hinkommt mit dem Auto, wobei ich mich da nicht

daran erinnern kann, dass das in meiner Kindheit eine Rolle gespielt hätte, dass man da mit dem Auto so schlecht hinkommt. Also, das ist mir eigentlich erst relativ neu jetzt in der Internetdiskussion begegnet, dass das Parkplatzangebot so ein Riesenthema gewesen sein soll. Ja, man musste eine Weile laufen. Aber ich kann mich nicht daran erinnern, dass das für meine Familie irgendwie ein entscheidender Faktor war, da seltener hinzugehen. Ich denke, dass der Spreepark ein sehr sinnvolles Angebot wäre oder überhaupt eine ständige Kirmes, ein sinnvolles Freizeitangebot für Berlin wäre. Das fehlt mir. Das finde ich auf den herkömmlichen Kirmesveranstaltungen sehr störend, dass man unheimlich viel Geld dafür ausgibt, mit diesen Fahrgeschäften zu fahren und das hält mich auch unter anderem davon ab, zum Alexanderplatz jedes Jahr hinzulaufen zum Weihnachtsmarkt. Ich finde, das ist irre teuer und irre anstrengend, weil das auf so wenige Tage begrenzt ist. Das ist ja nur auf die Adventszeit begrenzt und dann will da natürlich auch jeder hin in Berlin. Der Andrang ist enorm, man muss ewig anstehen, zum Teil muss man auch Eintritt bezahlen. Also mir hat dieses ständige Angebot besser gefallen, wo man einen festen Eintrittspreis zahlt, das ganze Jahr über hin kann, wenn einem das Wetter angenehm ist, und dass es dann erstens nicht so überlaufen ist, dass man eben zweitens diesen Flatrate Tarif hat, um die Fahrgeschäfte zu nutzen.

Julia, geb. 1982

Wenn man mit der S-Bahn in Berlin zwischen den zwei Bahnhöfen Treptower Park und Ostkreuz fährt, kommt man über die Spree. Dann hat man einen Blick auf das Riesenrad, auf diese Silhouette. [...] Also seit Jahrzehnten, ich bin ja jetzt auch schon fast dreißig, kenne ich diese Silhouette von diesem Riesenrad. Das ist für mich so ein ganz fester visueller Anker auf dieser Spreeüberquerung in der S-Bahn. Und ich gucke dann öfter mal da rüber und frage mich, ob das Riesenrad noch steht. Ist die Welt noch in Ordnung, steht das Riesenrad noch? Und das ist für mich tatsächlich auch mit Emotionen behaftet, da rüber zu gucken und mich zu vergewissern, ob das Riesenrad noch steht und ob irgendwie dieser wichtige Teil von meiner Kindheit noch existiert. Ich bin dann irgendwie manchmal auch richtig verwirrt, wenn ich das aus irgendeinem Grund nicht gesehen habe. „Oh Gott, jetzt ist es weg!" Beim nächsten Mal noch mal gucken, ob es tatsächlich weg ist. Jetzt bin ich eigentlich mal gespannt, das noch mal bei Dunkelheit beleuchtet zu sehen aus der Ferne. Das ist bestimmt ganz nett, wenn die

10.000 Glühbirnen jetzt wieder im Dunkeln alles erleuchten können.

Désirée, geb. 1981

Es hat auf jeden Fall was sehr mystisches. Und es wurden ja jetzt auch Filme oder Sequenzen aus Filmen gedreht und diesen Eindruck bekommt man eigentlich auch, wenn man da auf diesem Gelände ist. Das ist eine Filmszene, das kann gar nicht real sein. Das hat was total Surreales, also ich fand es total interessant! Ich habe nur dieses Riesenrad wieder gesehen, und dann kamen ganze Erinnerungen hoch. Das schwingt ja auch immer

so ein bisschen mit im Wind vor und zurück. Also das ist schon eindrucksvoll. Einfach so dieses tote Gelände und dann steht da dieses Riesenrad.

Nadine, geb. 1976

Foto 72 von Christopher Flade: Das Riesenrad hinter der ausgebrannten Losbude

CHRISTOPHER FLADE

Der Verfall des Parks

Hier auf der rechten Seite, wo wir jetzt gerade stehen, steht auch ein trauriges Beispiel für das, was mit dem Spreepark nach seiner Schließung passiert ist. Sie sehen hier an diesem Imbiss, dass gar nichts mehr da ist, außer dem Dach und den Trägern. Der Tresen wurde rausgeschlagen. Die Außenverkleidung ist ab. Es ging eigentlich relativ schnell. Nachdem die Jalousien eingetreten waren, war das erste, das geklaut wurde, die Dönerspieße und Friteusen. Alles andere wurde danach einfach nur noch mutwillig zerstört, Kühlschränke zertreten, Geschirr zerschlagen. Es war ja wirklich alles da. Alle Teller, Gläser, alles wurde kaputt gemacht. Die Tabletts wurden zerbrochen.

Foto 73 von Christopher Flade: Zerstörte Gaststätte

Wir stehen jetzt hier bei der Familienachterbahn „Spreeblitz". Das war damals eine der Hauptattraktionen. Man hat erstaunlicherweise wenig mit der großen Loopingbahn geworben. Wenn man sich alte Flyer und Postkarten oder Tassen anschaut, ist die Loopingbahn immer irgendwie mit dabei im Hintergrund. Aber im Vordergrund als Hauptattraktion, neben dem Riesenrad, war immer die Familienachterbahn „Spreeblitz". Die war auch, wenn ich mich so zurück erinnere, wirklich sehr schön, sehr besonders. Man hatte hier oben, in circa sechs Metern Höhe den Bahnhof, dort steht ja auch noch der Zug drin, dieser schöne blau-gelbe Zug. Man fuhr relativ langsam los. In der ersten Kurve, die steil bergab führt, ging es dann ganz schön schnell los. Die ganzen Fahrgeschäfte waren auch hier wieder alle schön im Wald integriert, man fährt durch die Bäume durch in einem Affenzahn. Nach der zweiten Kurve geht es dann runter zum Drachenmaul. Ein großes, buntes Drachenmaul, das einen verschlingt. Dann geht es durch einen langen Tunnel. Die Achterbahn heißt „Spreeblitz" zum einen, weil sie natürlich blitzschnell war, und zum anderen, wenn man in das Drachenmaul reingefahren ist, blitzte es im Tunnel.

Viele sagen, dieses Drachenmaul sei kein Drache, das sei eine Katze. Nein, das ist wirklich ein Drache. Das kann ich so sicher sagen, weil die Achterbahn aus einem französischen Freizeitpark gekauft wurde. Dort hieß sie „Le Dragon des Sortilèges". Und Sie sehen hier oben bei dem Drachen am Kopf solche Ausbuchtungen, wo kein Platz drüber ist, weil dort direkt die Bäume des Plänterwalds stehen. Dieser Drache hatte in Frankreich in dem ersten Freizeitpark, in dem die Bahn stand, an dieser Stelle Hörner. Der Spreepark hat die ganze Achterbahn mit diesem Drachenkopf gekauft, hat sie nach Berlin rübergebracht, hat sie 1992 bis 1993 aufgebaut. Und durch den Baum war kein Platz für die Hörner da, dann hat man damals bei den Aufbauarbeiten die Hörner einfach rechts hinter das Drachenmaul neben den Tunnel in die Hecke gelegt. Zehn Jahre war der Park in Betrieb, jetzt mittlerweile ist er zehn Jahre zu. 20 Jahre später liegen die Hörner des Drachens immer noch rechts um die Ecke um das Drachenmaul herum, neben dem Tunnel, in der Hecke. Die Hörner und der ehemalige, französische Name der Bahn sind der Beweis: Es handelt sich um einen Drachen.

Hier ist auch wieder sehr traurig zu sehen, dass die Einbrecher nichts heile lassen. Unter der Achterbahn sind diese grünen Kabelkanäle, wo die Stromschienen drin sind. Sie sehen, dass überall diese Kabelkanäle abgeschlagen sind. In der einen hinteren Kurve und unter dem Zug hängen noch solche Kanäle. Aber selbst da hat man die Stromkabel rausgestohlen, weil die natürlich wertvoll sind, damit kann man Geld machen. Hier sind leider alle Stromschienen entfernt worden. Das heißt, wenn man den „Spreeblitz" wieder in Betrieb nehmen wollen würde, müsste man erst mal neue Stromschienen verlegen.

Als kleine Randinfo: Wir haben hier im Spreepark noch neun Fahrgeschäfte stehen. Von der Sache her sind alle voll funktionsfähig. Man könnte innerhalb kürzester Zeit alle Fahrgeschäfte wieder TÜV-fertig kriegen und ans Netz nehmen.

SACHA SZABO

Eine soziologische Metabetrachtung des Spreeparks – Ein Essay

„Ich renn' durch einen leeren Freizeitpark – Kunst, das ist Kunst" Das Vergnügen der Kunst und die Kunst des Vergnügens[8]

> *„Hier drehn' wir schon seit acht Uhr in den Puppen im Spreepark in Berlin. Is' ein stillgelegter Freizeitpark mit Achterbahn und Flic Flac, weissu', aber das Ding is' schon tot, hier is' alles tot. Das soll ein bisschen, keine Ahnung, ich renn' durch einen, durch einen leeren Freizeitpark – Kunst, das ist Kunst."*
>
> *Sido – Ein Teil von Mir (Making of @ Spreepark Berlin) (www.youtube.de)*

Mit diesen Worten leitet der Berliner Rapper Sido, dessen Markenzeichen eine stilisierte Totenkopfmaske ist und dessen teilweise provokativen Texte bundesweite Kontroversen auslösten, in das Making-of seiner Single *„Ein Teil von Mir"* ein. Keineswegs exklusiv ist Sidos Wahl dieses Ortes als künstlerisches Thema. Der morbide Charme des verfallenden Vergnügungsparks Spreepark Plänterwald inspirierte ein breites Spektrum künstlerischer Arbeiten. Neben der Dokumentation *Kulturpark* von Immanuel Weinland und dem Film *„Achterbahn"* von Peter Dörfler, der 2009 auf der Berlinale gezeigt wurde, wählte die Neuköllner Oper den Freizeitpark für eine „musikalische Standortuntersuchung". Selbst der Ufologe Erich von Däniken, so wird berichtet, interessiert sich für den Park, um dort eine Art Science Center aufzubauen. Der radikalste Vorschlag wurde vom schwedischen Künstler Ingemar Thalin vorgestellt, der gleich den ganzen Park zur Skulptur erklärte und als „Kulturdenkmal" deklarierte. Und 2011 nutzte das Theater Hebbel am Ufer den verlassenen Spreepark zu einer umfangreichen Kunst- und Performanzinszenierung unter dem Titel „Lunapark Berlin" und versprach:

> *„Wenn der Tourismus die größte Wachstumsbranche Berlins ist, von der die Stadt sich in den nächsten Jahren 50.000 Arbeitsplätze erhofft, wo erholen sich dann diejenigen, die für den Spaß der Gäste sorgen? Für vier Tage öffnen wir das Gelände des Spreeparks für alle Berlinerinnen und Berliner. Und natürlich*

---

[8] Dieser Text wurde zuerst in dem Band: „Under Construction - Das Buch zu den Münchner Opernfestspielen 2009", der Gesellschaft z. Förderung d. Münchner Opernfestspiele (Stiebner, München, 2009) verlegt. Er wird hier mit freundlicher Erlaubnis von Frau Andrea Schönhofer nochmals abgedruckt.

für unsere Gäste. Gemeinsam machen wir dem Spuk der Vergangenheit ein Ende und beleben das Gelände neu. "

(Theater Hebbel am Ufer, „Lunapark Berlin", (Webseite))

Das Vergnügen

Dass gerade dieser Ort Kunstschaffende reizt, ist nicht allein darin begründet, dass es ein Ort des Verfalls ist. Die Attraktivität liegt darin, dass hier ein Ort des Vergnügens verfällt. Wenn wir die Ursprünge der Vergnügungsparks suchen, so finden wir diese in den mittelalterlichen Kirmessen, in denen sich das rauschhafte und ekstatische Moment des religiösen Erlebens auf den Kirchvorplatz verlagerte. Ursprünglich war die Kirmes ein Fest zu Ehren des Namenspatrons der Kirche, in dessen Umfeld sich Volksbelustigungen ansiedelten. Diese enge Verbindung von spirituellem Erleben und Unterhaltung löste sich sukzessiv mit dem Entstehen von Jahrmärkten im 12. Jahrhundert, hier beginnt die schleichende Verdrängung des religiösen Erlebnisses durch ein profanes Ereignis, in diesem Fall den Handel. Über die Schützenfeste des Spätmittelalters, die ihren Ursprung in der Schulung der Bürgermilizen hatten, bis hin zu den Volksfesten des neunzehnten Jahrhundert lässt sich eine Profanisierung des Vergnügens verfolgen. Grundelement dieser Vergnügungsorte blieb dabei immer die Erfahrung des Ekstatischen und des Rausches. Im Kontext der Industrialisierung, dem Entstehen der Arbeiterschicht, entstand eine akkumulierbare Freizeit. Diese Freizeit konnte frei gestaltet werden. Es wundert in diesem Kontext keinesfalls, dass eine Vergnügungsindustrie entstand, dass etwa die ersten Vergnügungsparks eröffneten. Diese Orte erfüllten nun mehrere Funktionen: Einerseits waren sie Orte der Erholung und dienten damit der Wiederherstellung der Leistungsfähigkeit der Besucher. Zugleich boten sie einen Ausbruch aus dem oftmals bedrückenden Alltag und entführten die Besucher in eine alternierende Wirklichkeit, die sich durch die Abwesenheit von Not und Bedrückung auszeichnete.

Wenn wir an dieser Stelle von der Abwesenheit von Not und Bedrückung sprechen, so bezieht sich das keineswegs nur auf den ökonomischen Aspekt, vielmehr ermöglichte die Fahrt auf einem Karussell einen Einblick in ein Jenseits des Alltags, das sich, zugespitzt gesagt, dadurch auszeichnete, dass auch die anthropologisch tiefste Angst des Menschen, das Wissen um die eigene Sterblichkeit, für einen kurzen Moment in einem Akt der Vergegenwärtigung, im Tun, vergessen werden konnte, wie dies von Michael Csikszentmihalyi beschrieben wurde. Der „Thrill", der von einem Fahrgeschäft ausgeht, ist die „Verlockungsprämie", die zu einem „Flow" führt. Dieser Zustand zeichnet sich dadurch aus, dass es – so Csikszentmihalyi – zu einer Situation kommt, die „verschiedentlich als »Verlust des Selbst«, »Selbstvergessenheit«, »Verlust des Bewusstseins seiner selbst« oder sogar als »Transzendieren der Individualität« und »Verschmelzen mit der Welt« beschrieben [wird]".

Foto 74 von Kathrin Gottschalk: Der Schwan vor Riesenrad

Die Vergnügungsindustrie

Wenn wir diesen Gedanken in Korrespondenz zur modernen Gesellschaft bringen, dann liegt die Attraktivität von Vergnügungsanlangen darin begründet, dass sie Ganzheitserlebnisse initiieren, die einen „semantischen Komplementärbegriff zur funktional-differenzierten Gesellschaft" (Karl-Heinrich Bette) bilden. Bezieht man diesen systemtheoretischen Begriff, der nichts anderes meint, als dass es zu einer Aufteilung von Funktionen kommt, auf den Arbeitsprozess, so bedeutet dies, dass das einzelne Individuum keinen direkten Bezug mehr zur Leistung seiner Tätigkeit für das Gesamtsystem Gesellschaft hat und es tritt eine Entfremdung zur Lebenswirklichkeit ein. Wenn wir in diesem Kontext Jürgen Habermas' Ausführungen dahingehend folgen, dass sinkende Arbeitsfreude, die durch die Entfremdung entsteht, durch Konsum kompensiert wird, so finden wir hier den Schlüssel zur Vergnügungsindustrie. Es entsteht eine Industrie, die scheinbar einzigartige Erlebnisse produziert. Dies ist der Gedanke, der Gerhard Schulzes Charakterisierung unserer Gesellschaft als „Erlebnisgesellschaft" zugrunde liegt. Theodor W. Adorno sagt dazu in dem Aufsatz über die Kulturindustrie:

> *„Amusement ist die Verlängerung der Arbeit unterm Spätkapitalismus. Es wird von dem gesucht, der dem mechanisierten Arbeitsprozess ausweichen will, um ihm von neuem gewachsen zu sein. Zugleich aber hat die Mechanisierung solche Macht über den Freizeitler und sein Glück, sie bestimmt so gründlich die Fabrikation der Amüsierwaren, dass er nichts anderes mehr erfahren kann als die Nachbilder des Arbeitsvorgangs selbst. Der vorgebliche Inhalt ist bloß verblasster Vordergrund; was sich einprägt, ist die automatisierte Abfolge genormter Verrichtungen."*

Aldo Legnaro beschreibt dieses spielerische Einüben von gesellschaftlichen Ordnungsprozessen prägnant als „governing by fun". Es wundert also keinesfalls, dass Systeme, die den Einzelnen in ihre Strukturen inkludieren wollen, sich auch einer Vergnügungsindustrie bedienen. Und gerade vor diesem theoretischen Hintergrund bekommt der Spreepark Berlin eine besondere Qualität.

Der Vergnügungspark: Spreepark

Im Unterschied zu den meisten bekannten Vergnügungsparks ist dieser Park in einer sozialistischen Gesellschaft aufgebaut worden. 1969 wurde dieser Park als Kulturpark Plänterwald eröffnet. Er liegt am Rande Berlins nahe der Spree. Im Vergleich zu den aus dem amerikanischen Raum kommenden, nach dem Vorbild Disneylands gestalteten Themenparks, deren Attraktionen in einer narrativen Ordnung angelegt sind, erschien dieser Park eher als zufälliges Arrangement von Kirmesattraktionen, die auch – im Unterschied zu den meisten westlichen Vergnügungsparks – einzeln bezahlt werden mussten. Das Wahrzeichen war ein 40 Meter hohes Riesenrad, das von verschiedenen Karussells, Schaubuden, Verpflegungsständen und Restaurants umgeben war. Der Park erfreute sich zu DDR-Zeiten großen Zuspruchs und verzeichnete bis zu 1,7 Millionen Besucher jährlich. Im Gefolge der Auflösung der DDR und des Verschwindens des real existierenden Sozialismus wurde auch dieser Betrieb abgewickelt. Den Zuschlag erhielt die Spreepark GmbH.

Der Kulturpark Berlin, der jetzt Spreepark Plänterwald heißt, lockt mit seinen Attraktionen Grand Canyon, Spreeblitz, Mega-Looping und einem Westerndorf bis zu anderthalb Millionen Besucher an. Mit der konzeptionellen Anlehnung an westliche Vergnügungsparks, die thematisch geordnet sind, wird ein Eintrittsgeld erhoben und nicht mehr an jeder Attraktion einzeln abgerechnet. Dennoch war der Park überschuldet, so dass er in finanzielle Schieflage geriet und schließlich 2001 Insolvenz anmelden musste. Doch damit ist die Geschichte keineswegs abgeschlossen. Norbert Witte versuchte mit einigen seiner Fahrgeschäfte in Südamerika einen neuen Park aufzubauen, doch auch dieser Versuch scheiterte. Witte kehrte nach Deutschland zurück und wurde beim Versuch, in einem seiner Fahrgeschäfte Kokain zu schmuggeln, gefasst und zu sieben Jahren Haft verurteilt.[9] In der Zwischenzeit bekundete die französische Firma Grévin & Cie Interesse an der Übernahme des Parks. Die neuen Betreiber wollten jedoch weitere Grünflächen am Ufer der Spree mit einbeziehen. Da dieses Ansinnen von der Bezirksverwaltung negativ beschieden wurde, entstand eine Pattsituation, da der neue Betreiber den Betrieb nicht aufnahm. Das zwischenzeitliche Interesse eines Engagements der Betreiber des traditionsreichen Kopenhagener Vergnügungsparks Tivoli wird von dieser Seite mit dem Hinweis auf eine Rezessionsgefahr zurückgezogen. Seither verwildern die Wege, verrosten die Attraktionen und verwahrlost das Gelände. Gleichzeitig entfaltet diese Ruine eine ganz eigene Poesie. Der Park zeigte sich stets als seismographischer Indikator der Stabilität des jeweiligen gesellschaftlichen Umfeldes.

Die Kunst des Vergnügens

Die Stabilität dieser Systeme gründet sich in einem allumfassenden Zugriff auf das einzelne Individuum, das innerhalb dieses Systems seine Rolle zugewiesen bekommt. Guy Debord beschreibt dies als „Gesellschaft des Spektakels". In diesem Zuschreibungssystem wird nicht mehr auf etwas verwiesen, was real ist, sondern nur noch auf andere Referenten. Das substantiell und ursprünglich Reale wird durch ein Referentensystem ersetzt, das jetzt auf den Einzelnen zurückwirkt und als wirklich erscheint. Jean Baudrillard beschreibt dies als „Hyperrealität". In der gleichen Weise wird das tiefe Erlebnis der Ekstase, die auf dem Jahrmarkt aufzufinden ist, durch die Vergnügungsindustrie substituiert und wirkt zugleich kompensatorisch. Reinhard Knodt spricht daher treffend bei der Konstruktion von Vergnügungswelten am Beispiel eines artifiziellen Bergsdorfs von „Hyperatmosphäre". So wird der Vergnügungspark zum Sinnbild des – so der Freiburger Soziologe Samuel Strehle – „kapitalistischen oberflächlichen Spektakels". Wird nun genau dieser Ort als Fluchtort aufgesucht, um

---

[9] Quelle: Jüttner, Julia: „Niedergang einer Schaustellerfamilie. Achterbahn des Lebens" in „Spiegel.de" (www.spiegel.de/panorama/leute/0,1518,631484,00.html), vom 24.06.2009 [Stand 01.07.2011)

der individuellen Leiderfahrung, den Alltagsproblemen zu entgehen, verstrickt sich der Flüchtende umso tiefer in die Leid auslösenden Strukturen, was das Gefühl der Ohnmacht nur verstärkt. Das zieht wiederum ein neuerliches Bedürfnis des Aufsuchens einer scheinbar heilen Welt nach sich.

Was geschieht aber, wenn solch ein Mechanismus außer Kraft gesetzt wird? Werfen wir noch mal einen Blick zurück auf den Spreepark. In der Blüte des real existierenden „Analmarxismus" (Strehle) gegründet, verlor dieser Park mit dem Verschwinden der DDR seine kompensatorische Notwendigkeit und mit der Krise des „digitalen Börsenkapitalismus" seine strukturelle Stabilität. Was also nach dem Ende der „Metaerzählungen" bleibt, ist eine Ruine, die die Vergänglichkeit von Systemen versinnbildlicht. Wenn wir das „Spektakel als Alltagsreligion" verstehen und dieses „Opium" nicht mehr zur Verfügung steht, sind die Menschen gezwungen, sich der Krise zu stellen, der Hoffnungslosigkeit in die Augen zu sehen und ihr Leben zu gestalten und genau dies meint Realität. Unter dieser Voraussetzung ist das Aufsuchen von Vergnügen nicht mehr Weltflucht, sondern eine souveräne und zugleich lustvolle Form der Weltaneignung.

"Die Kritik hat die imaginären Blumen an der Kette zerpflückt, nicht damit der Mensch die phantasielose, trostlose Kette trage, sondern damit er die Kette abwerfe und die lebendige Blume breche. Die Kritik der Religion enttäuscht den Menschen, damit er denke, handle, seine Wirklichkeit gestalte wie ein enttäuschter, zu Verstand gekommener Mensch, damit er sich um sich selbst und damit um seine wirkliche Sonne bewege. Die Religion ist nur die illusorische Sonne, die sich um den Menschen bewegt, solange er sich nicht um sich selbst bewegt."
(Karl Marx)

Foto 75 von Kathrin Gottschalk: Der ehemalige Einstieg ins Riesenrad

QUELLENVERZEICHNIS

Balint, Michael: „Angstlust und Regression. Beitrag zur psychologischen Typenlehre", Rowohlt, Hamburg, 1972.

Buntrock, Tanja: „Ein riesiges Rad gedreht. Ex-Spreepark-Betreiber Norbert Witte in Berlin verhaftet: Im Karussell soll er 181 Kilo Kokain geschmuggelt haben „Tagesspiegel, 08.11.2003 [http://www.tagesspiegel.de/berlin/ein-riesiges-rad-gedreht/463344.html].

Gesellschaft z. Förderung d. Münchner Opernfestspiele: „Under Construction - Das Buch zu den Münchner Opernfestspielen 2009", Stiebner, München, 2009.

Goffman, Erving: „Interaktion: Spass am Spiel. Rollendistanz", Piper, München, 1973.

Jüttner, Julia: „Niedergang einer Schaustellerfamilie. Achterbahn des Lebens" in „Spiegel.de" (www.spiegel.de/panorama/leute/0,1518,631484,00.html), vom 24.06.2009 [Stand 01.07.2011).

Knodt, Reinhard: „Liebes Montafon", in: Knodt, Reinhard: „Ästhetische Korrespondenzen. Denken im technischen Raum", Reclam, Ditzingen, 1994.

Lanfer, Frank: „100 Jahre Achterbahn", Gemi, o. O., 1998.

Legnaro, Aldo: „Subjektivität im Zeitalter ihrer simulativen Reproduzierbarkeit. Das Beispiel des Disney-Kontinents", in: Bröckling, Ulrich/Krasmann, Susanne/Lemke, Thomas (Hg.): „Gouvernementalität der Gegenwart", Suhrkamp, Frankfurt a. M., 2000.

Verena Mayer: „Ein Karussell für Millionen Vor Gericht: Wie 167 Kilo Kokain in den „Fliegenden Teppich" kamen", Tagesspiegel, Tagesspiegel, 05.04.2004. http://www.tagesspiegel.de/zeitung/ein-karussell-fuer-millionen/512108.html [Stand: 01.07.2011]

Naumann, Hans: „Studien über den Bänkelgesang", in: „Zeitschrift des Vereins für Volkskunde", 30 und 31/1921. S.1-21.

Puttkammer, Claudia: „Gruß vom Luna-Park. Gruß aus dem Luna-Park: Eine Archäologie des Vergnügens. Freizeit- und Vergnügungsparks Anfang des zwanzigsten Jahrhunderts", WVB, Berlin, 2007.

Schützmannsky, Klaus: „Roller Coaster. Der Achterbahn-Designer Werner Stengel", Kehrer Verlag, Heidelberg, 2001.

Spiegel.de: http://einestages.spiegel.de/static/authoralbumbackground/ 1989/wie_ich_lernte_ein_ufo_zu_ lieben.html [Stand: 01.07.2011].

Szabo, Sacha (Hg.): „Kultur des Vergnügens. Kirmes und Freizeitparks - Schausteller und Fahrgeschäfte. Facetten nicht-alltäglicher Orte", Transkript. Bielefeld, 2009.

Szabo, Sacha: „,Ich renn' durch einen leeren Freizeitpark – Kunst, das ist Kunst'. Das Vergnügen der Kunst und die Kunst des Vergnügens": in: Gesellschaft z. Förderung d. Münchner Opernfestspiele: „Under Construction - Das Buch zu den Münchner Opernfestspielen 2009", Stiebner, München, 2009.

Szabo, Sacha: „Rausch und Rummel. Attraktionen auf Jahrmärkten und in Vergnügungsparks. Eine soziologische Kulturgeschichte", Transcript, Bielefeld, 2006.

von Seldeneck, Lucia Jay: „High Noon im Plänterwald. Im ehemaligen Spreepark in Treptow leben Menschen in einem Westerndorf. Nun ist ihr Idyll bedroht – durch einen Investor.", Tagesspiegel, 20.08.2005 [http://www.tagesspiegel.de/kultur/high-noon-im-plaenterwald/634778.html].

www.berliner-spreepark.de: [http://www.berliner-spreepark.de/] (Stand: 01.06.2011)

ABBILDUNGEN

117

DIE AUTOREN:

Christopher Flade, geboren 1988, gilt vielen als der führende Parkchronist zum Spreepark Berlin und begeistert seit Jahren Besucher mit seinen Führungen durch den verlassenen Park. Er betreibt auch ein bekanntes Informationsportal zum Spreepark (www.berliner-spreepark.de) und leitet den Verein „Leben im Spreepark". Mit seinem umfangreichen Archiv weiß er die meisten Fragen kompetent zu beantworten. Durch seine Fachkompetenz ist er ein geschätzter Gesprächspartner für Funk und Fernsehen und beriet mehrfach Projekte, die sich mit dem Spreepark beschäftigten.

Dr. Sacha Szabo, geboren 1969, Unterhaltungswissenschaftler, Leiter des Instituts für Theoriekultur Freiburg, Magisterstudium der Soziologie, Philosophie und Germanistik, Promotion über Volksbelustigungen, erforscht Freizeit- und besonders Vergnügungskulturen. Aus dieser Forschung sind verschiedene einschlägige Publikationen hervorgegangen. (Auswahl): „Rausch und Rummel. Attraktionen auf Jahrmärkten und in Vergnügungsparks" (2006), „Gruß vom Luna-Park. Eine Archäologie des Vergnügens" (2006), „Kirmes, Jahrmarkt und Volksfest auf historischen Postkarten" (2007), „Kultur des Vergnügens" (2009) und 2012 erscheint sein neues Buch zum Thema „Ballermann".

Foto 76 von Christopher Flade: Die Autos der Altberliner Oldtimerfahrt auf der zugewucherten Fahrbahn
(2008)

VIELEN DANK!

Ein Projekt wie das vorliegende Buch kann nur durch den engagierten Zuspruch und die Unterstützung vieler Helferinnen und Helfer entstehen. Besonders bedanken wollen wir uns bei unseren Gesprächspartnern, die sich Zeit für ein Interview nahmen und uns erlaubten, ihre ganz persönlichen Erinnerungen und Fotos abzudrucken.

Martin Burmeister

René Couvreux

Johannes Fielitz

Julia Endler

Uwe Geiger

Christin Gottschalk

Kathrin Gottschalk

Désirée Gromilovich

Nadine Gudra

Monika Heilmann und Peter Heimann

Madlen Hinz

Gisela Knapp

Stefan Max Kube

Barbara Lange

Michael Lange

Antje und Torsten Lehmann

Kati Maager

Katrin Ostermann

Norman Schott

Manuela und Lars Steinström

Ein besonderer Dank für die Abdruckgenehmigung der tollen Fotos gebührt auch

Ralf Drescher

Joachim Meier

Christian Rösler

Ein großer Dank auch an Andrea Schönhofer, die die Zweitabdruckserlaubnis für den Essay gab, der zuerst in „Under Construction - Das Buch zu den Münchner Opernfestspielen 2009" (Gesellschaft z. Förderung d. Münchner Opernfestspiele Hg.) erschien.

Auch geht ein Dank an Christiane Waldmann für das Lektorat und an Birgit Voigt für die Transkriptionen. Und natürlich wollen wir uns auch bei der Community der Spreepark- und Kulturpark-Fans bedanken, die uns mit vielen Hinweisen geholfen haben und sich leidenschaftlich beteiligen auf den Plattformen von:

www.berliner-spreepark.de

und

www.facebook.com/spreepark

121

INHALTSVERZEICHNIS

Institut für

THEORIE
KULTUR

STUDIEN ZUR UNTERHALTUNGSWISSENSCHAFT

Unser neues Projekt widmet sich ganz dem „Ballermann". Wir untersuchen das Party-Phänomen, das seinen Ursprung am Strand von S´Arenal auf Mallorca hat und analysieren die Botschaften, die mit der Marke „Ballermann" transportiert werden. Wir können schon soviel sagen, der Ballermann ist mehr als sinnloses Besaufen! .... Es ist ein einzigartiges soziales Phänomen!

Sie erhalten das Buch ab Frühjahr 2012 in jeder Buchhandlung unter der ISBN 978-3-8288-2791-2

Und wir wünschen Ihnen auch bei diesem Buch viel Vergnügen!

STUDIEN ZUR UNTERHALTUNGSWISSENSCHAFT

Wenn Sie Vergnügen an diesem Buch hatten und Freude an der unkonventionellen und unorthodoxen Art, wie ernsthafte Wissenschaft von uns betrieben wird, können wir Ihnen auch weitere Bücher aus der Schriftenreihe des Instituts für Theoriekultur empfehlen.

Die Unterhaltungswissenschaft widmet sich der Frage nach dem tieferen Sinn unserer Unterhaltungskultur. Wir gehen der Frage nach, warum „Herr der Ringe" eine Kriegserklärung an die Moderne ist, beschäftigen uns mit der Zeitreise im „Terminator" und stellen beim Online Rollenspiel „World of Warcraft" die Geschlechterfrage. Auch fragen wir „Data", wie es sich denn so als Android lebt und untersuchen das Regierungssystem im Dschungel Mowglis.

In diesem Buch untersuchen wir die Erzählungen, die die Werbung beständig an uns heranträgt, aber nie ausspricht. So demonstrieren wir, wie bei „Weleda" sich die Firmenphilosophie in die Produkte einschreibt. Zeigen erfolgreiches Streetmarketing bei der Firma „Rothaus" und widmen uns der Frage, was einen „John Deere" Traktor so einzigartig macht.

In Artefakt: „Körper" treten zehn Kulturwissenschaftler an, um die Botschaft des Films „Fight Club" zu dechiffrieren. Zehn verschiedene Zugangsweisen, zehn verschiedene Argumentationen. Manchmal ergänzen sich die Arbeiten, manchmal stehen sie im Widerspruch. Es ist eine Art wissenschaftlicher Schaukampf im Ringen um Erkenntnis. Als gewünschter Nebeneffekt zeigt sich, dass Wissenschaft durchaus auch ein (Film-)Genussverstärker sein kann.

Alle diese Bücher erschienen in der Schriftenreihe „Studien zur Unterhaltungswissenschaft" des Instituts für Theoriekultur beim Tectum Verlag und können über den Buchhandel oder direkt beim Verlag bestellt werden. (http://www.tectum-verlag.de).